U0625721

梁海伟 等／编著

为了公平和质量

——小班化教育环境下的
学生发展核心素养培育

教育科学出版社
·北京·

　　本书系全国教育科学"十二五"规划 2013 年度教育部重点课题"市域整体推进小班化教育行动研究"（课题批准号：DHA130284）的研究成果，由梁海伟、宋国香、孟宪军、刘知晓、孙传文、李瑞江等合作完成。

满足人民群众对美好教育生活的向往

在判断教育现代化的众多指标中，我始终对"班额"这个指标情有独钟，它不仅是判断一个地区教育资源配置的重要指标，更是观察区域教育下学生发展生态的重要标志。正因为如此，东营市启动小班化教育行动研究，我是欣然支持并寄予深切期望的。

"班级授课制"作为现代学校制度的基石，源于西方工业化进程中亟待培养具有一定知识和技能的技术工人的需要。西方教学论的奠基者夸美纽斯在《大教学论》中首次论述了班级授课制这种教学组织形式。班级授课制是工业化、产业化思维在教育制度建设上的体现，这种教学组织形式一直延续至今，仍然是学校教育的基本组织形式。

在推进教育普及的过程中，人们关注的焦点是教育机会的供给；当教育普及之后，人们必然把关注的焦点从机会公平转向质量提升。从我国小班化教育研究的实践逻辑看，1997 年上海率先开展小班化教育实验，随后北京、天津、南京、宁波、大连等城市相继跟进，并逐步由沿海发达城市向内陆城市扩展推进。这说明，小班化教育是经济社会发展到一定阶段的产物，强劲的经济增长和强大的公共财政是小班化教育存在和发展的基础。近年来，东营城镇居民恩格尔系数稳定在 33% 左右，东营人民追求优质教育的愿望非常迫切。探索实践小班化教育，是东营教育在整体上进入"以提高质量为核心，更加注重内涵发展"的新阶段的必然要求，是坚持以人民为中心的教育发展理念、满足人民群众对美好教育生活向往的具体体现。

20世纪70年代末，欧美一些发达国家开始探索研究小班化教育，其中以美国的研究最具代表性。1985—1989年，在美国田纳西州进行了关于"生师比与教育教学质量相关关系"（Student/Teacher Achievement Ratio，简称STAR）的研究，研究发现班级规模缩小与学生成绩之间呈正向相关关系。该研究还提出了小班化教育的三个显著优势：一是课堂问题行为的减少使教师拥有更多的有效教学时间；二是由于学生人数减少，教师对每个学生独特的学习风格和方式有了更加深入的了解；三是小班化教育让教师从繁重的纪律管理、作业批改等事务性工作及与学生交流不足的沮丧中解脱出来，教学热情大增。这项研究在美国教育界产生了重要影响，被誉为"美国教育史上最伟大的教育实验"，成为支持和推进小班化教育改革的重要依据。

小班化教育能否更好地促进学生发展，其本质不在于是否缩小班级规模本身，而在于是否能以教育教学环境的重构为基础，以个性化、特色化课程建设为纽带，以师生关系、教学关系的调整为机制，致力于教育教学生态的重构。基于此，东营市把小班化教育视为对现代高品质教育的一种新追求。在这里，"小班化"的"化"是一个核心词。

重新建构教育环境。人的发展是基于先天禀赋的后天环境的产物。东营市在小班化教育实践中，首先以缩小班级规模为契机，重建教室和教室文化，重构师生教育教学活动实施的物理环境、文化环境、交往环境，优化师生—生生交往机制，实现了教育教学组织的重构。以垦利区第一实验小学为例，该校创建了小班化教室环境文化、班级礼仪文化、班级制度文化、班级活动文化，家长和学生全程参与班级命名、班徽设计、班歌创作，通过班本课程的建设，融洽师生关系，丰富师生精神生活，将班级精神融入日常的班级管理、班级活动中，让教室本身成为一种隐性课程，呈现出蓬勃向上的无形的教育力量。

重新建构课程生态。课程是学校教育的主要实施载体，是学校为学生成长和发展提供的教育产品，这个教育产品是否能够满足学生的需要，将决定学校教育的成败。东营市在小班化教育实践中，以促进每个孩子的生长为核心理念，以促进学生的个性发展为旨归，在小班化教育条件下大力推进课程改革，以满足学生多样化、个性化的学习需求。英才小学开设了五大门类 40 个学科的校本课程，并通过创新微课、中课、大课，实现了国家、地方、校本课程的最大限度的整合；利用校内 10 亩综合实践活动基地、多功能千人报告厅、现代化体育场馆开展了种植、养殖、游园、艺术展演、体育竞赛等历程式教育，为培养心灵手巧、阳光自信、知识丰富、特长突出、全面发展的英才学子创建了良好的课程生态。

重新建构课堂生态。课堂是师生教育生活的所在，是学校课程产品的创生地和使用地。东营市在小班化教育中，聚焦"以学习者为中心"的课堂建设，坚守公正、平等、自由、开放的课堂教育理念，在课堂教学中塑造新型师生关系，着力推进小班化教育教学方式变革。如科达小学，以"做最成功的自己"为学生培养目标，关注细节，尊重差异，按照"关注每一个，微笑每一个，成功每一个"的思路，建设小班化"三段互动课堂"，强调：思维碰撞点，学生来辩论；问题迸发点，学生来提出；错误出现点，学生来分析；疑难困惑点，学生来剖析；过程参与点，学生来驾驭；课堂总结点，学生来归纳。

重新建构评价生态。教育教学评价是学校文化和育人价值的外化。东营市在小班化教育实践中，着力变革传统教育评价偏重知识评价，忽视德育、体育、美育和劳动教育，更忽视对学生创新精神、实践能力和社会责任感评价的现状，建立以促进学生自主生长为价值追求的教育教学评价体系，构建以学生综合发展和个性化发展为目标的教育质量评价制度。这是东营市小班化教育对学生生长环境及生命状态的一种价值认同。垦利区第一实验小学建立了以促进学生发展为本的学生综合素质学分制评价体系，综合素质学分包括习惯学分、作业学分、阅读学分、获奖学分、奖励学分、选修学分等，每月根据学分情况颁发"秀外慧中"章和"卓越学生"章，让学生及时体验到自己的努力和进步。

当然，东营市的小班化教育研究在取得令人欣喜的成果的同时，也面临着师资紧缺、教师素质不适应小班化环境下的学科综合化教育，以及如何进一步提高小班化背景下的课堂教学实效等问题，希望东营市继续研究和探索，不断满足广大人民群众对美好教育生活的向往。

张志勇

山东省教育厅巡视员

品读东营：一个小班化教育研究范例

2015 年，联合国教科文组织第 38 届大会发布了"教育 2030 行动框架"——确保全纳、公平的优质教育，使人人可以获得终身学习的机会。而小班化教育是实现公平、优质教育的重要路径，世界多国、多地区为此进行了积极的探索。

小班化教育的中国模式令西方学界关注。因为它是一场自下而上的变革：1997 年上海率先进行了小班化教育的探索，再推及沿海及其他经济发达城市。2010 年写入《国家中长期教育改革和发展规划纲要（2010—2020 年）》的"推行小班教学"被视为提高义务教育质量的重要举措之一。虽然中国小班化教育发展的核心动因、研究基础不同于西方，但是，如今东西方面临共同的时代挑战：学生核心素养的培育。

山东省东营市开展的小班化教育行动研究值得我们关注和思考，因为这是一个富有时效性的、具中国特色的区域性创新实践范例。

首先，这是一个社会转型期间风向标式的成果。

当下中国，教育均衡、二孩生育高峰、城市化进程三因素同时发酵，大中城市的小班化教育实施已经面临严峻的资源挑战，持续发展的难题不可回避。山东省东营市承担的全国教育科学"十二五"规划 2013 年度教育部重点课题"市域整体推进小班化教育行动研究"的研究成果——《理想与行动——小班化教育区域实践与研究》《为了公平和质量——小班化教育环境下的学生发展核心素养培育》，回应了中国小班化教育何去何从的现实问题。东营 145 所小学、79 所初中，超过 70% 的学校集中于中心城区，最大班额达 71 人。农村乡镇中心及以下小学，均为 20~30 人班额的自然小班。这份城乡差异的典型样本，是中国城市和农村小班化教育发展的写真。

历经近五年的探索，东营在宏观政策层面，以地缘条件、经济体量为依据，大力扶持城市学校实施小班化教育，全力推进广大农村小班化教育；在微观层面，探索小班化教育理论的生长点：小班化教育与中国学生核心素养培育的内在联系、小班化教育文化重构和创新实践的路径，提出小班化教育与学生核心素养培育所体现的教育理念是相通的，那就是教育公平、以人为本和个性化教育。核心素养是学生终身发展和适应未来社会发展所需要的关键能力和必备品德，单一学科是难以培养的。小班化教育这一教学组织形式，既能适应学生求知需求，又能满足学生核心素养培育的要求。这份浓缩着责任担当和教育智慧的研究成果，具有战略标本的价值，显得弥足珍贵。

其次，这是一场区域性的系统变革。

面对城乡学校班级规模的差异和发展短板，东营以缩小班级规模为切入点，以突破小班化教育资源困境为目标，着手顶层设计和统筹改造：一是充分开发和利用农村自然小班资源，改善办学条件、强化农村教师培训、促进城乡教师交流，大力提升农村教育品质，吸引部分择校学生回流；二是根据城市教育承载能力建立城区学校班额管控机制，合理引导和控制择校，使城区学校班级规模回归到一个符合教育规律、有利于学生成长的水平上；三是满足城镇化进程中的发展需求，实现城镇新建居民小区与学校同步规划、同步建设、同步交付使用。

同时，在课题引领下展开自上而下的基础理论研究：梳理国内外小班化教育研究和实践成果；分析本土小班化教育的市情背景；认识小班化教育的内涵、特征；厘清小班化教育与核心素养、课程改革的关系。在课题引领下，脚踏实地展开自下而上的教育教学实践研究：促进教师专业发展，建构小班化教育学校文化，塑造新型师生关系，打造"以学习者为中心"的课堂，开发校本课程，探研小班化教学评价标准……形成具有东营本土特色的小班化教育教学体系。

最后，这是一串实践取向的创新足迹，包括观念演绎和课堂叙述。

小班化教育在基础教育改革系统架构中，属于教学组织形式及其运用的改革范畴，包括课堂教学时间分配和教室空间资源利用两方面。小班化课堂更接近欧美发达国家的课堂，更便于借鉴其先进教育理念、教学策略。如在课堂教学中教师组织学生开展小组合作学习、自主学习；尝试合作教学、团队教学；融合个别、小组、集体教学的差异教学理论的实践等。但是，亚洲各地的小班化教育实践证明：欧美发达国家的经验和成果可以作为本土小班化教育的经验备份，但不是解决问题的灵丹妙药。

《理想与行动——小班化教育区域实践与研究》与《为了公平和质量——小班化教育环境下的学生发展核心素养培育》真实记录了东营将小班化教育文化认识转化为教育教学行为的实践历程。它的经验是可以借鉴的。"和乐文化""贴近大地行走"等拥有国际视野和民族情怀的学校文化建设，精致、和谐、富有人文精神的小班化教育氛围，名师工作室，满足需求的内容和精准化的研训方式，聚集资源的校本课程和特色课程，自主、合作、生命化的"以学习者为中心"的课堂，指向自我教育的个性化成长档案……所有的实践智慧都指向学生核心素养的培育，因此，它也是一份深入浅出的核心素养读本。

"公平"是东营小班化教育政策制定和实践行动的基本准则：大力扩充并均衡配置小班化教育资源，公平发展每一所学校，公平对待每一个孩子。"个性"是东营小班化教育的理想追求和目标定位：创办有个性的学校，尊重有个性的教师，培养有个性的孩子。"智慧"是东营小班化教育对教育者的要求：教师要有爱心和知识，更需教育智慧。"生长"是东营小班化教育环境及学生生命状态的表述：尊重儿童天性，创造自由空间，唤醒内在生机，促进自主生长。

从地方教育政策的设计到教育文化的价值探微，融丰富的教育改革思潮于小班化教育视域。东营实践源自本土创研，根植现实土壤，直指理想天空，是一份与时俱进的中国小班化教育研究纪实。在时空巨变和文化转型的当下，值得细读和品味，故欣然提笔为序。

董蓓菲

华东师范大学教授　博士生导师

目 录 | CONTENTS

□ 后记 ／177

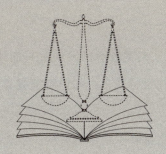

第一章

崭新的诉求：

学生核心素养与小班化教育

　　不论哪一种社会体制或社会形态，也不管是哪一个社会发展阶段，其共同追求的社会理想都是要最大限度地解放生产力和提高生产力水平，以推动经济高速发展，促进社会政治和社会文明进步。人才作为发展生产力的核心要素，是人类社会发展的根本基础和不竭动力。不同的社会形态、社会历史阶段，对人才的需求各有不同。教育的发展、人才的培养必然要以社会政治、经济、思想的发展趋势为前提，教育需要通过不断改革来构建教育载体、创新教育决策、提升教育质量，从而为社会发展储备强大动力。小班化教育改革就是适应当今社会发展趋势而进行的积极探索，其价值取向就是培育和发展人的核心素养。

第一节　时代发展对教育的要求

一、时代发展对人才的需要

（一）社会发展的趋势

随着经济全球化与社会信息化时代的推进，人类社会的发展进程加快，全球经济一体化急剧加速。在这种瞬息万变的社会背景下，知识经济成为主流。社会对知识的渴求达到了前所未有的高度。

知识经济的本质之一是全球化，经济全球化打破了地域的束缚，拓展了不同国家、不同民族、不同群体间相互交往的深度和广度。21 世纪是跨文化交流的全球化时代，经济的全球化和信息技术的快速发展加速促进了文化交流。

在全球化、信息化和知识经济趋势下，国家之间综合国力的竞争，将不再是固有的自然资源和廉价的社会劳动力或精良的机器设备和雄厚的财力、物力的竞争，而将主要依靠知识密集型的人力资本。各国综合国力的竞争，已经由表层的生产力水平的竞争逐渐转换为深层的、以人才为核心的竞争。因此，只有切实解决好人才培养和人力资源开发问题，才能更好地迎接知识经济时代的挑战。

（二）知识经济时代对人才的需求

知识经济的发展推动着人类社会进入一个社会发展的新阶段。世界各国都在呼吁时代所需要的人才。那么，在这样的大局势下，时代的发展需要什么样的新人才呢？

1. 具有创新精神的人才

在工业经济时代，竞争的力量主要靠资本的占有和积累。而知识经济时代，竞争的实力主要取决于知识和技术的创新。然而，不论是知识创新还是技术创新，归根结底要靠大量高素质创新人才。这种人才应既有渊博的知识，又有较强的操作能力，而且还具有开拓创新精神和能力。创新已成为这个时代人才的基本标志。培养具有创新精神的高素质人才，是时代的呼唤。

2. 有学习能力的人才

未来的文盲不再是不识字的人，而是不会学习的人。在知识经济时代，知识的更新速度急剧加快，知识经济的发展伴随信息的大量产生，传统的学校教育已经不能满足知识的更新和技术创新的需要。这就要求新时代的人要不断学习，在学习中提高技能、丰富知识、更新知识、创造性地应用知识。只有不断学习，不断补充时代所需要的"新鲜营养"，才能跟上时代的步伐，否则就会被淘汰。

更新知识观念是一种世界趋势。所以，联合国教科文组织把"学会认知"当作教育的四大支柱之一。学习将成为一个人一生的事情，会学习、掌握有效的学习方法，具有终身学习、持续发展的能力，能将所学应用于实践，是知识经济时代人们得以独立生存的保证。

3. 具有科学精神的人才

人类在认识自然、适应自然以及改造自然的过程中，形成了一系列价值准则和行为规范，这就是科学精神。科学精神是人类认识自然活动及其成果的升华，蕴含着深刻的内容。随着科技的发展和社会的进步，科学精神已经不仅仅是科学家或科研人员所特有的精神，它所倡导的探索未知、追求真理的理性精神，实事求是、尊重规律的严谨态度，开拓创新、勤奋不息的进取意识，独立思考、敢于怀疑的批判精神，都已经成为知识经济时代每一个人才所必须具备的精神。因此，在知识经济时代，发展科技所需要的人才只有具备勇于探索的精神和严谨求实的态度，能运用科学的思维方式认识事物、指导行为，才能不畏困难、大胆尝试，积极寻求解决问题的有效方法，适应时代发展的需要。

4. 具有全面素质的人才

21世纪，人类面临着一个既相互竞争又相互依赖的复杂多变的世界，这对人们的适应能力提出了新的挑战。当今世界面临的一切挑战都是综合性的，国家之间的竞争也是综合国力的竞争。知识和技术的创新已不可能仅仅依靠单一学科知识和单一技能来实现，而是要求人们掌握的知识也要具有综合性。

面对21世纪的社会形态，社会发展最需要的是能够开拓创新，具有学习能力和科学精神，能满足科技发展需要，具备多领域学科知识、多种专业技能的复合型全面发展的人才。然而现行社会各个方面人才的供应远远满足不了社会的需求。因此，时代呼唤着人才培养质量的提升。

二、响应时代需求，培育学生的核心素养

时代呼唤人才培养质量的提升，世界各国都在推动着教育和课程领域的变革。21世纪培养的学生应该具备哪些最核心的知识、能力与情感态度，才能成功地融入未来社会，才能在满足个人自我实现需要的同时推动社会发展？多年来，许多国家都在积极探索，并提出了适应时代要求的本国学生核心素养内涵。

2014年印发的《教育部关于全面深化课程改革落实立德树人根本任务的意见》提出，"教育部将组织研究提出各学段学生发展核心素养体系，明确学生应具备的适应终身发展和社会发展需要的必备品格和关键能力"。2016年9月，中国学生发展核心素养研究成果发布，它以培养"全面发展的人"为核心，从三大方面六大素养十八个要点提出中国学生的核心素养要求。核心素养体系的构建，成为顺应国际教育改革趋势，增强国家核心竞争力，提升我国人才培养质量的关键环节。核心素养体系被置于全面贯彻党的教育方针、落实立德树人目标、全面推进素质教育、深化教育领域综合改革的基础地位。它的提出，为我们真正走向以学生为中心的教育，确立回归教育本源的学校教育教学实践，提供了引领性支撑。

　　培育学生核心素养是一个宏大的系统工程，我们既要从宏观层面建设完整的评价体系，又要充分调动学校和教师的积极性、创造性，形成全方位融入核心素养要素的课程体系，依托现代信息科技手段，全面推动传统教学方式变革。只有这样，才能探索出一条培育学生核心素养的中国路径。

　　培育核心素养，首先要正确处理学生未来发展与教育眼前利益的关系，既要着眼于人的未来，致力于人的全面发展，又要脚踏实地，立足现实。要改变单纯追求分数和升学率而导致学生社会责任感、创新精神和实践能力较为欠缺的教育现状，改变"以知识为中心、以教材为本位"的教学格局，关注学生的生命质量和价值，突出终身发展。

　　其次要有效改变当前教育中违反教育规律、不利于学生核心素养形成的现象，实现教育理念的转变。

　　教师要转变教育理念，要树立师生平等观。核心素养的培育是一个教学相长的过程，它不仅是教师对学生的培育，也是学生用他们的行为表现、反馈不断锤炼教师的核心素养。核心素养的核心是让每一个学生成为全面发展的自己，也让每一位教师自身成为最美好的课程。

　　在核心素养的理念下，教师的教学方式要实现三个转变：即由重视学科知识转向重视能力素养，尤其是道德素养；由教师中心转向学生中心；由重视学习结果转向重视学习过程。坚持站在学生的角度思考问题，发挥学生的主体性作用，激发学生的学习兴趣，发挥学生的学习主动性、积极性和创造性。

　　核心素养的提出，其概念和理论研究始于国家层面，体系构建和丰富则需要学校通过实践实现，并且最终要落实在学生身上。在学生核心素养培育上，学校不仅要关注学生向上成长的空间，更要关注学生向下扎根的土地。

第二节　培育学生核心素养所面临的挑战

一、区域层面

教育与民族、国家的未来密切相关，与个人的发展紧密相连。面对未来的挑战，培育学生核心素养，逐步形成与个人终身发展和社会发展相匹配的品格和能力，是时代的呼唤。教育转型，已迫在眉睫。就区域层面而言，培育学生核心素养面临着重重挑战。

（一）传统教育理念与培育学生核心素养之间的矛盾

在区域层面，应试教育观念依旧根深蒂固，受此观念影响，社会对学校的主流需求更多地体现在分数上。如果一个学校升学率不高，社会口碑就不会好，以致生源不断流失，严重制约学校长足发展。于是，许多学校在教育改革的洪流中，依旧裹足不前，不敢大胆革新，不能很好地为学生的全面发展和终身能力负责。而未来是一个高度关联的智能世界，需要全面发展的人，对学生核心素养的培养刻不容缓。

（二）教育在社会领域地位的不断提高与教育政策支撑不足之间的矛盾

教育是民族振兴的基石。进入新时代以来，社会各领域对教育的关注度都达到了新的历史高度。虽然党和国家对教育事业十分重视，但教育优先发展的政策并没有完全落实到位，仍然存在着一些制约教育科学发展的体制机制性障碍，有关部门对教育的支持力度还需要进一步加强。教育的全面发展对各种要素资源需求巨大，教育经费实际投入不足、公共教育投入不足等问题严重制约教育事业的发展。

（三）区域内整体办学条件、教育资源与教育需求之间的矛盾

随着教育事业的改革发展，我国教育领域的主要矛盾也发生了变化，回

应人民群众对更高质量、更加公平的教育的追求，解决好教育发展不平衡不充分的问题成为教育事业发展的新任务、新目标和新追求。目前，人民群众对优质教育资源的需求不断增长，期望值越来越高，与这种需求和期望相比，我们的优质教育资源总量供给明显不足，大班额教育模式普遍存在，教育场所紧张，师资力量紧缺。同时，还存在城乡之间、区域之间、学校之间的教育发展不均衡问题。这些问题导致了优质学位成为竞相争取的稀缺资源，择校的热度持续不退。这些都是培养学生核心素养的制约因素。

二、教师层面

（一）培育学生核心素养对教师教育理念的挑战

要落实培育学生核心素养，不但要走出应试教育的误区，还要进一步审视和反思课程改革中应遵循的一些理念。首先，在教育目的观方面，培育学生核心素养要坚持以人为本的教育目的观。其次，在教育价值观上，要倡导个人发展与社会发展相统一，将个人成才价值与社会进步价值有机结合起来。再次，在人才观方面，要做到与时俱进，培养具备文化素养、创新能力、信息素养、合作能力、交流技能等素养的全方位人才。

教师教育观念的转变，是教育改革的前提。这是一个艰难而痛苦的蜕变过程，没有自我否定的精神和积极向上的态度，没有超越自我的魄力和战胜自我的勇气，是难以完成的。

（二）发展学生核心素养对教师组织教学与进行评价的挑战

既然课程目标定位为发展学生核心素养，那么教学就要实现从获取知识向发展核心素养转变，从关注教什么转变到关注学生学会什么或养成什么、发展什么。

作为教师，自然面临如何落实学生核心素养培育的挑战。

首先，要运用问题化学习的教学策略。这需要教师将以教授—传输为中心的教学转变为以学习探究为中心的教学，将面对全部学生进行整齐划一的教学转变为面向每一个学生的、有的放矢的教学。学生通过重新组合知识内容，建立起问题间、内容间的联系，于综合地带和边缘地带进行新旧知识的碰撞和联系，建构起知识的意义。问题化学习获取的知识最具有转化为智慧和力量的特质，因为它形成了学习的品质和能力。

相比较而言，小班化教育更适合问题化学习策略的运用，因为问题的发现、探究和解决是一个复杂的过程，而每一个学生存在的问题和对知识的需求又各不相同，特别需要有针对性的、及时有效的指导。

其次，要运用情境化学习的教学策略。学生在真实的生活情境中易于建立起知识与现实生活的联系，在活动、体验、合作、探究中建构知识的意义，并养成多种良好的学习品质。情境化学习相对于传统单调、机械的以知识分析为主的课堂学习更具有生动性，有利于积蓄学生发展的潜能。

最后，要运用养成性教学策略。第一，要给学生提供充分自主发展的空间。小班化教育通过开放而互动的教学，使每一个学生不断获得成功的快乐，并在学习过程中形成勤于学习、乐于探究的品质。第二，要不断引导学生进行学习反思和生活反省。"学而不思则罔，思而不学则殆"，反思成功经验和失败教训，这本身就是一种良好的学习品质。在小班化教学实验中，有不少教师引导学生写每日、每周、每月的学习反思，这是很有借鉴价值的。

除了教学组织形式策略方面，教师在评价学生核心素养的形成与发展方面也面临着诸多挑战。

第一，目标的多维度、评价主体的多元化、评价隐性目标对教师的挑战。首先，多维度评价。核心素养以培养全面发展的人为核心，设置了文化基础、自主发展和社会参与三个维度，综合表现为人文底蕴、科学精神、学会学习、健康生活、责任担当及实践创新六大素养。这就要求我们五育并举、关注个性，客观衡量学生的素养发展水平，打破传统单一的评价方式，实行有效的评价。其次，多元主体的评价。通过教师评价、学生自我评价、同伴评价及家长评价使学生得到各方面的帮助和激励，促进其今后的发展。再次，显性和隐性目标的评价。以核心素养发展为价值取向的评价，不仅是对学科知识掌握运用程度和水平的评价，还要对学生学习态度情感和学习方法能力、人生价值观念、人际交往能力、社会责任感、动手实践能力等素养进行评价，这些大都是一些隐性的和难以量化的目标。

第二，过程性评价和终结性评价相结合对教师的挑战。对学习过程状态的评价要建立体系，这要求教师要了解学生的家庭背景、性格、兴趣爱好、为人处世等。同时，要发挥小组的帮扶与监督作用，就课堂表现、学习参与、问题质量与完成程度等进行量化评价。在小班化教育中，许多教师在评价方面推行"星光工程"。"星光工程"主要是对在学习习惯、个性特长等方面表现突出者进行褒奖，是一种较好的将过程性评价和终结性评价相结合的方式。

要做好对学生核心素养发展的评价，需将学科评价与学校特色工程及学校组织的各项活动结合起来，构建完善的学生评价体系，充分发挥即时性评价、阶段性评价、终结性评价的作用，淡化甄别，使评价真正促进学生全面发展。

面临挑战，教师要力主改革，积极面对，充分发挥学生主体的积极性和创造性，促进学生主动、健康地发展，全面提高学生核心素养。

第三节 小班化教育有助于学生核心素养的培育

一、小班化教育对促进教育公平的价值和意义

我国基础教育正从"知识本位"时代走向"核心素养"时代，这是一个全球性的教育趋势。小班化教育作为人才培养模式的一种有效改革，以实现教育均等、以人为本和个性化教育为指向，加强了教育各要素多维度的互动交流，为每一个学生的发展创造了条件。

小班化教育有利于促进教育公平。由于中国教育人口规模的庞大、教育资源总量的不足、各地经济社会发展水平和教育投入的差距，以及一些特殊时期教育政策上的倾斜，区域之间、城乡之间、学校之间的教育差距是客观存在的，少量优质教育资源的分配不公引发了社会不满。在此客观情形下，缩小教育差距、促进教育均衡发展、消除教育不公，已成为国家教育改革的战略。2010年《国家中长期教育改革和发展规划纲要（2010—2020年）》明确把"促进公平"作为国家基本教育政策，并陆续出台了许多旨在促进教育公平的具体政策措施。教育公平是人们接受高质量教育的机会平等、待遇平等。促进教育公平作为国家战略，其意义不仅仅在于破解社会难题，构建和谐社会，更重要的是建立优秀人才培养机制，促进学校教育多出人才、出好人才。很显然，这是提高国民素质，增强国家人才储备，满足人民群众对优质教育需求的有力举措。而小班化教育是目前基础教育层面一个极为重要的生长点。从形式上看，小班化教育是对目前班级授课制的一种修正和变革，其核心价值是在批判和反思教育现代性的基础上，促进教育公平，使每一个孩子都能享受优质教育，获得全面和谐的发展。

小班化教育作为面向"每一个"学生的教育，扭转了大班教学"一刀切"式盲目武断的教育倾向，使"补短去长"式教育转变为"扬长避短"式教育。从这个意义上说，小班化教育是顺应天性、缔造人才的优质教育。

发展学生核心素养，从根本上改变了当前教育过于注重智力发展而轻视德育教化，重视知识能力而轻视人的全面发展，重视学龄期的眼前利益而忽视人的终身发展的长远利益等片面教育倾向和浅层教育立意，有利于基础教育调正教育方向。从根本上说，小班化教育与学生核心素养培养所体现的教育理念是相通的，那就是教育均等、以人为本和个性化教育。

教育均等是指社会中的任何成员都享有均等参与学习和受教育的权利。体现在教学实践中，每一个受教育对象都有平等参与各种教学活动和平等共享各种教育资源的权利。小班化教育旨在促进每一个学生的充分发展，为他们在课堂上动脑、动口、动手提供更为广阔的空间，使"教育好每一个学生"目标的实现得到更有力的保证。

发展学生核心素养，为不同地区不同学校的教育教学提供了统一的目标框架和质量标准，有助于改变教育价值的混乱状态和教育行为上的各行其是现象，使学生在接受教育上获得均等的权利。建立在现代质量观基础上的小班化教育正是以人的发展为出发点和归宿，充分尊重人的发展潜质和学习需求，使学生最大限度地展现他们的才能智慧。同时，小班化教育通过校园文化、班级文化建设，通过小班化课程资源开发和日常教学，努力追求学生道德品质、审美情趣、创新精神、实践能力等综合素质的全面提高，这也弥补了大班教育中的不足之处，有助于健全学生的人格。

二、小班化教育对提升教育质量的影响和帮助

怎样的教育才能最大限度地激发人的能动性和创造力呢？很显然，那就是尊重学生生命与人格、学习智慧与能力的教育，是以学为主的教育，是以学定教、以教促学的教育。

我们知道教育的价值追求是立德树人，它要求教育要努力培养具有社会发展需要的必备品格和关键能力的人，聚焦人的终身发展，让每个人接受优质教育。

培养人终身发展、持续发展的潜能首先需要进行愉快教育，培养学生热爱学习的情感和积极态度。小班化教育在班级教学中倡导的愉快教学和成功教学，为我们探索出了行之有效的策略。其次是善于对学习经验进行提炼与运用。教学的根本目的应该不仅仅是知识的获得，更重要的是学生在学校学习中获得求知的经验和方法，在学习中学会学习，在求知中学会求知，这才是学习的真正含义所在，也是学生持续发展不可或缺的品质。小班化教育的无障碍交流，增加了同伴之间交流经验方法的机会，为共享学习智慧开辟了蹊径。

要形成学生终身发展的潜能，须着力发展学生的思维能力。小班化教育实验中开展的合作专题式研究性学习、主题辩论、数学智慧展等学习展示活动，就很有成效地培养了学生的多种思维能力。

小班化教育是适应学生的个性、面向每一个学生的教育，教师不能武断地以智力水平和学习成绩划分类别，而应分析学生的个性禀赋、智力发展水平、特长爱好、学习习惯、道德品质以及主要优缺点等，然后采取有针对性的教育。

三、公平和有质量的教育有利于学生核心素养的培育

小班化教育是一种基于新课程理念的优质教育，它最大限度地利用教育资源和教师的教育教学智慧，最大限度地挖掘学生的学习潜能，因而能够有力地培育和发展学生的核心素养。同时，小班化教育作为一种较为理想的教育组织形态，有利于促进学生知识的有效建构、思维的科学发展和精神的健康成长。与传统大班将所有学生当成一个学生对待、忽视个性差异的教育相比，小班化教育的优势是十分鲜明突出的。

1. 小班化教育有利于奠定学生扎实的文化基础

大班教学由于人数过多，活动时空受到限制，每个学生所分配到的思考与实践时间过少，加之教师对学生不可能全面了解，绝大部分学生的思维在教学过程中难以进入激奋状态。小班化教育增进了师生间、生生间的交往密度和融洽度，使每个学生都得到更多的教学关怀，让他们有更多机会处于活动的中心地位，使他们的潜能得到充分发挥。

小班化教育是面向"每一个"的教育，每一个学生都能感受到教师的关怀，因而增强了学习的信心和力量，形成了积极向上的学习心态和持续学习的心理趋向。同时，小组合作学习培养了学生的协作意识、共享能力和智慧迁移能力，学生在学习中养成了良好的学习习惯，吸收了来自师生等多方面的有用经验，这就为学生的持续学习、终身学习奠定了思想、态度和方法方面的基础。

小班化教育的个性化特征有利于培养学生的科学精神。所谓个性化特征，就是尊重学生个性，张扬学生个性，发展学生个性，坚持因材施教和分层教学。个性的全面和谐发展是现代教学论的核心思想。小班化教育充分考虑到学生个体之间存在的差异及其发展的不平衡性，一是实施个别化教学，在必修科教学中教师洞察每个学生的个性，依据不同学生不同的学习水平、学习速度、学习能力倾向，给予不同的引导、帮助，以达到预定的教学目标；二是在活动课程或自选中视学生需求调整教学目标，为每个学生个性特长的发展提供机会，真正体现因材施教。

个性化教育有利于培养发展学生的理性思维。小班化教育充分体现了对学生的尊重和对教育规律的尊重，教师包容学生个性化的学习行为和个性化观点，尽管有时这些行为和观点是不合理的甚至是荒谬和荒诞的，但是其中的观点是学生对于已有事实和证据进行了分析鉴别，经过了思考探究而获得的结论，是理性思维的结果，也表现了学生对真知的探求，因而是值得肯定的。学生形成这样的心理趋向，有利于提高他们对客观事物的观察认识能力和概括提炼能力。

个性化教育有利于培养学生的批判质疑能力。中国学生发展核心素养强调培养学生"批判质疑"的能力。重点是：具有问题意识；能独立思考、独立判断；思维缜密，能多角度、辩证地分析问题，做出选择和决定等。小班化教育着力培养学生自主探究、合作探究的精神，张扬学生的个性特征，尊重学生独特的感悟、见解和独到的解决问题的方式方法。在小班化教育中，教师鼓励学生个人、小组、全班开展探究性学习，通过提供素材和设置情境，引导学生发现问题，并鼓励学生对事实和有关材料的关系进行判断，利用相关判断和认识进行推导，最终得出问题的结论。这样的教学通过诱思探究，有效培养了学生发现、探究和解决问题的能力，培养了学生的批判质疑能力。

个性化教育有利于培养学生勇于探究的精神品质。从某种意义上说知识是在不断更新发展的，一个人如果不能对知识进行扬弃，就不能不断获取新知。因此，教育不能一味地向学生传递甚至灌输现成的知识，而应当激发学生对知识的渴望，培养学生探究知识、发现知识的心理趋向和能力。小班化教育倡导学生各抒己见，各尽其能，各得其所，培养了学生学习的胆识、探究的勇气和收获的自信。

2. 小班化教育有利于促进学生自主发展

小班化教育的民主性和交互性特征有利于促进学生学会学习。在民主化的小班化教育环境下教师成为学生心灵的呵护者，精神的培育者，学习的组织者、参与者、引导者和促进者，宽松、自由、自主的学习环境激发了学生学习的兴趣和热情。学生敢于在全班同学面前表达自己的真实想法和情感，并且能够在宽松、自由、安全的氛围下，对自己的真实想法和情感进行反思，这样的环境氛围有利于促进学生的创造性思维的生成。

小班化教育过程中形成的交互性特征表现在多个层面，除去课堂教学中师生之间、生生之间、小组之间的互动交流，还包括课外师生、生生之间的交流互动。在这种思维趋向下，互动还推而广之延伸到学生与其他学校师生的互动、与有关专家名人的交流等。在广泛的对话交流中，学生可以分享经验、借鉴方法、建构知识意义、积蓄自主发展的潜能。在实施小班化教育的过程中，我们当然不能拘泥于某种机械的形式或模式，更不能忽视学科教学的本源价值和自身规律。要尝试探索多种途径、构建多种载体，激励学生自主发展的内在动力，通过学生的自主探究、集体分享，让学生发现隐藏在结论背后的学科知识的形成过程以及内在的学科思维方法和学科思想，使学生乐学善学、勤于反思。

小班化教育的民主性和交互性特征有利于促进学生健康生活。首先，小班化教育的文化环境和价值取向，从某种意义上说已经一定程度上摆脱了传统教育单纯关注学生智力发展的极端片面的倾向，超越了过于注重分数成绩的浅近的教育追求，而是着眼于学生适应未来社会发展需求的人格品质的形成，更加注重学生内在心理层面的健康发展，更加注重学生热爱生活的情感态度、积极向上的精神面貌、自信自强的意志品质。其次，小班化教育的"团队"发展组织形式，将学生个体置于"小组"单元或"小班"学习共同体之中，在共同的任务驱动下，学生各担其责又相互配合，既可发挥个体聪明才智，又可共享成功经验，在建构知识意义的同时，也建构起学生优秀的人格品质。

3. 小班化教育有利于培养学生的社会参与意识

小班化教育重视学生的文化涵养和人格教育，引导学生担当社会责任。基础教育不仅仅是为高校输送人才，归根结底，更是为这个社会培养健全的公民。

基础教育的基础性，就是为学生一生的发展和终身幸福奠基，而不是为一时的分数和考试成绩。真正有利于一个人终身发展的，是健康的人格、正确的价值观、良好的行为习惯、较强的自学能力和充实的精神生活。当下的小班化教育改革已经触及这些，并已做了初步的探索。

以人为本是教育的出发点和目的。小班化教育，注重在学科教学中渗透人文精神，通过各种途径让学生动手实践、动脑思考、动心体验，让学生在不知不觉中接受优秀传统文化的熏陶感染，提高文化品位，并勇于担当家庭责任、社会责任。

小班化教育的文化性和开放性特征有利于落实"国家认同"和"国际理解"的素养目标。小班化教育坚持面向世界、面向未来、面向现代化的教育方向，通过班级文化建设、主题教育、社会实践等途径，引导学生关注家庭、关注身边的生活世界、关注国家发展。为了对学生进行社会主义核心价值观和爱国主义教育，有不少小班化教育试点学校开发了传统文化校本课程，编写了传统文化校本教材，规定了经典诵读时间，定期举办传统文化经典诵读展示，在潜移默化中传承民族的优秀文化和智慧美德，播撒爱国主义种子。有许多学校围绕爱国主题构建了一系列教育活动，如每周的"国旗下讲话"、建党建国纪念庆祝活动、清明祭扫烈士墓活动等。还有的学校结合爱国教育主题，开展"我为家庭添荣耀""我为学校做贡献""我为班级争荣誉"等活动，倡导每个学生都参与。学生在这样的环境下，在心灵深处，逐渐建立起国家的概念，逐渐培养起对国家民族的自豪感和热爱之情。小班化教育还通过学科教学、主题活动、综合性学习等多种途径使学生了解不同民族、不同国家的历史文化、风俗习惯、政治经济发展状况，认识多元政治经济形态和多元文化的特点与价值，拓宽学生视野。

小班化教育的实践性、活动化特征有利于培养学生的实践创新能力。小班化教育特别注重对学生实践能力的培养，有不少小班化教育试点学校设立了生物种植园、阅读图书馆、手工作坊等学科实践活动场所，为学生进行实践性学习提供了平台；有许多学校开发了"剪纸""泥塑""根雕""木器制造"等自选课程，让学生动脑思考、动手制作，有效培养了学生的劳动意识和劳动能力。

小班化教育作为尊重学生主体的教育，注重创设民主、和谐、开放的教学氛围，有利于促进学生自主学习，并鼓励学生在学习中发现问题和进行个性化探究。学生经过个人努力解决相关问题的过程，为其创造性思维的产生提供了可能。在合作学习中，学生将自己的思考过程展示在大家面前，通过小组或班级同学的互动，学生了解了不同的解决方案，思维得到训练。不管是自主探究还是合作共建，都使学生借助与自我对话、与师生对话、与教材对话，揭示知识发生、形成、发展和变化的过程，从而真正实现对知识意义的建构。

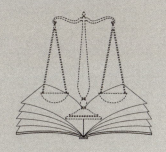

第二章

路径的选择：

区域小班化教育的顶层设计

　　小班化教育作为一项综合性改革，须将硬件建设、环境建设与内涵发展放在同一个改革框架中同步进行。东营市从一开始就将小班化教育改革当作一盘棋来统筹规划。为建立实施小班化教育的政策保障机制，保障改革的顺利进行和取得预期成效，东营市确立了政府主导、本土实践、渐进发展、行动研究的基本原则。通过先期试点、分类推进、地域统筹和集团化办学等举措，强力推进小班化教育改革健康发展。

第一节　区域层面小班化教育的系统规划

为了进一步优化教育资源配置，加快人才培养模式和教育人事制度改革，提前实现教育现代化，东营市经过充分的调研和论证，决定在区域层面实施小班化教育改革试点，坚持以学生发展为本，以"为了每一个学生的发展"为目标，关注每一个学生的发展，建立焕发学生主体意识、使学生个性获得适度解放的教育环境，促进教育的个别化和个性化，让每一个学生都能在原有基础上得到持续发展。

一、小班化教育政策导向

为全面协调推进东营市小班化教育实施工作，东营市成立了中小学小班化教育工作领导小组（以下简称"工作领导小组"），工作领导小组办公室设在东营市教育局，负责日常工作。在工作领导小组的统一协调下，东营市教育局会同市人力资源社会保障局、市城乡规划局等部门开展试点工作，各部门各司其职，密切配合，不断建立完善小班化教育实施的政策保障机制。先后制定出台了《全市中小学小班化教育实施方案》《东营市小班化教育校园文化建设指导意见》《关于加快推进小班化教育内涵发展的指导意见》等文件，从教育理念、管理体系、课程改革、基础设施、教学方法、学校文化建设等多方面，加强对小班化教育的指导和实施。

（1）调整小班化教育建设规划。结合新型城镇化发展规划，依据人口结构、学龄人口变动趋势、计生政策调整等因素，统筹考虑现有教育资源、地理环境、交通条件、中小学服务半径、建设标准、教学保障能力等因素，调整完善学校建设规划，充分挖掘教育用地资源，同步调整完善城乡建设规划、住房建设规划，并纳入城乡土地利用总体规划，统筹解决城乡学校用地指标，新建和改扩建中小学校。2013 年 5 月至 2015 年 9 月，东营市共新建学校 9 所，改扩建学校 35 所，增加班级 359 个，其中新建学校增加了 193 个班级，改扩建学校增加了 166 个班级。到 2017 年底，东营市新建、改扩建学校共计 64 所，其中新建学校 22 所，改扩建学校 42 所，总建设面积达 140 万平方米，概算总投资 64.47 亿元，新增班数 1344 个，新增学位数 58925 个，新增教师 2771 人，为市域整体推进小班化教育提供了新的发展契机。

（2）创新小班化教育管理模式。按照建设"幸福教育，和谐家园"的总体要求，融合国际先进文化、中华传统文化、东营本土文化，以课程建设、环境建设和制度建设为文化载体，创新管理模式与运行机制，探索科学管理方法，突出小班化教育特征，以小班化学校文化建设为重点，建立适应小班化教育需求的现代学校制度，塑造现代学校形象，形成特色校园文化。

（3）实施小班化教育课程整合开发。在课程资源整合、课程实施等方面赋予校长办学自主权、教师教学自主权，不断加强课程资源开发，提高国家课程校本化水平，建立灵活多样的课程管理模式，重视国家课程、地方课程和校本课程的统一，学科课程和活动课程的统一，显性课程和隐性课程的统一，提高课程实施效率，为学生构建起多元化、生活化、体验化的课程体系。

（4）打造小班化教育特色课堂。建立完善适合小班化教育，并能与个性化教育等其他教学组织形式进行优势叠加的课堂教学模式，形成融合新理念、新行为、新变化的精品小班化课堂。积极利用现代信息技术创造个性化学习方式和环境，鼓励有条件的学校探索尝试"慕课教学"和"翻转课堂"等新型教学方式。在尊重学生主体选择的基础上实现差异教学，开展小组学习，完善学生个体接受教育的过程，充分体现小班化教育的独特优势和本质特征。

（5）促进小班化教育教师专业发展。以教师跨学科的培训学习为重点，以转变教育观念、提升学科专业技能和提高课程资源整合能力为着力点，建设一支教育观念、教学技能、管理能力均能适应小班化教育改革需要的教师队伍。重点选拔一批具有小班化教育改革激情和发展潜质的中青年教师进行重点培养，打造"校、县（区、中心）、市"三级小班化教学骨干教师群，并为骨干教师专业成长创造更多机会。

（6）构建小班化教育评价体系。以建立小班化教育学科教学评价体系为重点，完善小班化教育生态评价制度体系，达成教育评价的多元化，实现以人为本的人性化教育评价，切实发挥教育评价的激励和调控作用。不断研究制定多元化学校发展评价体系，以"一校一品"为核心，打造富有特色的学校品牌。建立健全小班化课堂教学评价机制，提高小班化教学质量。继续完善教师评价机制，激发教师参与小班化教育改革的积极性和创造性。探索建立小班化教育条件下的学生评价机制，全面提高学生综合素质。

（7）建立小班化教育保障机制。制定完善区域教育资源布局规划，加快教育资源优化配置，深化教育人事制度改革，优化教师资源配置和结构。积极推进中小学教师"县管校聘"管理改革，强化县区教育部门对教师资源的统筹配置和管理功能。通过政府购买服务项目和购买服务岗位等方式，建立更加灵活的教师用人机制。坚决落实义务教育"零择校"政策，严格规范学生入学、转学手续，切实规范招生秩序，遏制人为择校。建立完善学区内生源调剂机制，通过生源的相对均衡分配化解大班额问题。全面实施义务教育"阳光分班"，均衡配置校内教育资源。小班化教育所需经费由同级财政予以保障。

二、小班化教育实施原则

东营小班化教育改革遵循政府主导、本土实践、渐进发展、行动研究的基本原则。

（1）政府主导的原则。所谓政府主导，就是发挥市县各级党委、政府在小班化教育改革中的核心领导作用。政府主导下的小班化教育改革，是东营小班化教育发展的基本模式和特征。

坚持政府主导原则，各级政府在小班化教育区域发展中要扮演好教育体系的构建者、教育条件的保障者、教育服务的提供者、部门利益的平衡者和教育创新的推动者五种角色。因此，政府有责任发挥行政力量的主导作用，整合各方面力量，通过深化教育管理体制改革，转变政府职能与管理方式，由直接干预和微观管理转变为综合应用立法、拨款、规划、信息服务、政策指导和必要的行政措施，扩大学校办学自主权，尊重教师专业自主权，鼓励基层创新，实现基层突破，为学校小班化教育运行创设良好的外部环境。

（2）本土实践的原则。所谓本土实践，就是立足本土实际，研究本土问题，形成本土知识，促进本土发展。本土实践是东营小班化教育改革的基本态度和立场，东营小班化教育改革是小班化教育的基本理念与东营地方实际相结合的产物。

坚持本土实践的原则，要着重做好以下三个结合。一是学习借鉴与本土创新相结合。小班化教育改革要在合理吸收国外小班化教学模式和经验基础上，紧紧抓住课堂教学这个教育活动的中心环节，探索创立具有本土特色的教育教学新模式。二是整体发展与区域推进相结合。中心城区要以调整优化教育布局为重点，着力突破城区学校大班额问题；广饶县、利津县等农村学校较多的县区要立足农村自然小班资源丰富的优势，着力探索推进农村小班化教育发展；胜利教育管理中心要充分利用优质教育资源比较丰富的教育优势，认真思考"择校热"对小班化教育发展的影响，着力探索"名校小班化"的路径和策略。垦利区、河口区和经济开发区要依托本地教育规模较小、城市化水平较高的区域特点，着力探索新型城镇化背景下的小班化教育发展路径。三是专项改革与综合改革相结合。推进小班化教育发展要以深化教育领域综合改革为契机，与国家促进义务教育均衡发展、解决城镇学校大班额、全面改造薄弱学校等政策相结合，积极开发利用农村偏远薄弱学校的自然小班资源，改善学校办学条件，提高教育教学质量。要积极与当前"县管校聘""农村教师支持计划""合同制教师聘用"等教育改革措施相结合，多措并举建立小班化教育教师保障机制。

（3）渐进发展的原则。所谓渐进发展，就是在小班化教育政策不健全、资源不充足的情况下，统筹考虑各种限制因素，通过协调和妥协达成一个各方面都能接受、把面临问题朝改善方向推进的方案，从而实现"小步快跑"式的发展。渐进发展是东营小班化教育发展的政策取向。

坚持渐进发展的原则，应做好以下五个方面工作。一是坚定小班化教育发展方向。我们要在教育转型发展的时代背景下审视小班化教育发展的重大意义和广阔前景，在不断克服发展中困难和不断积蓄持续发展动能的过程中坚定小班化教育发展的方向。二是科学确定小班化教育发展目标。在推进小班化教育区域发展过程中，要与区域内新型城镇化建设进程做好衔接，与国家推进义务教育均衡发展、解决大班额问题等有关政策做好衔接，与区域教育发展整体规划和教育现代化建设做好衔接，保障小班化教育持续稳定发展。三是有效把控小班化教育发展节奏。要有区域整体规划，明确发展阶段和步骤，有目的、有计划、有组织地开展工作。要开展教育试点工作，积累经验后再逐步推开，成熟一批，发展一批。四是合理安排小班化教育发展顺序。区域推进小班化发展，要照顾到不同区域、学校的实际情况及特殊需要，统筹安排好各类地区和学校的发展顺序，逐步实现区域整体均衡优质发展。五是积极争取社会各界的广泛支持与参与。从各级党委、政府及有关部门的重视和配合到教育系统内部对小班化教育改革的专业认可与配合，再到学生及家长等直接利益相关者的配合与参与，汇聚成推进小班化教育改革的强大合力。

（4）行动研究的原则。所谓行动研究，就是在小班化教育本土实践的自然情境中，以教育实践中面临的真实问题为研究对象，以解决问题、改进实践为目的的综合性教育研究活动。行动研究是东营小班化教育改革的研究方法与行动范式。

在教育实践中贯彻行动研究原则，要坚持以下三个工作理念。一是坚持

"问题即课题"的工作理念。要把小班化教育的实践问题转化成教育研究课题，组织动员教育研究和实践人员用先进的理论、科学的方法、规范的程序研究问题的成因，分析问题的本质，提出解决问题的办法，把理论和实践有机结合起来，为教育决策和行动提供科学的依据和引领。二是坚持"研究即行动"的工作理念。要促进研究成果向教育行动的转化，把经过科学论证的研究成果及时固化为教育决策、教育政策和行动纲领。三是坚持"实践者即研究者"的工作理念。要充分发挥和运用一线教育工作者对教育生活的经验优势，让他们参与到教育研究的全过程中来，使之在立足实践的教育研究中获得并积累实践智慧，从仅仅作为改革的实施者提升为教育改革的实验者、思考者和设计者。

三、小班化教育实施步骤

小班化教育改革是教育转型背景下的区域发展战略，是在一定历史时期内具有全局性的谋划。东营小班化教育改革严格遵循"总体规划，试点先行，重点突破，分步实施"的工作策略，坚持贯彻"以点带面，逐步推开"的行动法则。

（1）顶层设计：完善小班化教育政策支撑体系。在区域小班化教育改革中，完善政策支撑体系是区域小班化教育顶层设计的核心内容。为了实施区域教育整体发展战略，开展小班化教育改革，东营市委（办公室）、市政府（办公室）及相关部门单独或联合发布了关于区域教育整体规划综合性教育政策文件、小班化教育改革专门性教育政策文件以及具体运行及内涵发展的指导性教育政策文件10余个，这不仅指明了小班化教育的行动方向，也确立了行动规范。

（2）试点先行：建立小班化教育渐进发展机制。东营在市域整体推进小班化教育实践过程中，采取"两级试点"的策略，即在学校和年级两个层面同时开展教育试点，在取得经验基础上逐校逐年推广展开，从而形成区域渐进发展机制。坚持试点先行的工作策略，有利于各级政府和各试点学校统筹安排资源投入，避免"一窝蜂"全上造成资源紧张，保证工作推进的计划性。同时，该机制也有利于试点学校积累经验，培训师资，及时发现、研究和解决试点过程中的问题与矛盾。

（3）分类推进：形成小班化教育有序发展格局。东营在推进区域小班化教育进程中，发现城乡之间存在着明显差异，如在班级规模上，农村学校以自然小班为主，城区学校大班额问题较严重。在工作重难点上，农村学校的工作重点在于改善办学条件，难点在于提高教师素质；而城区学校的工作重点在于缩小班级规模，难点在于扩充教育资源。根据班级规模差异和工作重点、难点，东营坚持"因势利导，分类推进"的工作策略，主要采取"从农村到城市，从边缘到中心"的发展顺序，构建了区域小班化教育有序发展格局。

（4）统筹兼顾：优化城乡教育空间布局。城镇化进程中的人口聚集和产业聚集，使人口与产业的空间布局发生重大变化，这也直接导致和凸显了教育空间布局的变化：城镇之"挤"——城镇学校总量不足问题；农村之"空"——农村学校布局不当问题。东营作为一个新兴三线城市，正处于快速城镇化进程中，区域教育发展也同样面临城镇学校总量不足、农村学校布局不当等问题。要解决这些问题，关键是抓住新型城镇化建设的契机，加快教育布局调整，统筹教育资源配置，推动城乡教育一体化发展，从根本上解决城镇学校的"挤"，统筹规划并利用好农村学校的"空"。

（5）集团化办学：构建区域教育均衡发展态势。从区域小班化教育改革实践看，班级规模不仅与区域教育资源总量有关，还与家长和学生的教育选择有关。一些被社会认可为优质教育资源的学校，往往会成为择校的热门学校，造成人为的资源紧张。择校问题的根源在于教育发展不均衡，解决问题的根本途径是促进区域义务教育均衡发展。东营采取了集团化办学的发展策略，主要有以下两种模式。一是托管制模式。通过引进优质教育资源，在领办、托管学校（幼儿园）和被领办学校（幼儿园）之间建立一体化治理结构，实行实质性管理。二是联盟制办学模式。在不改变成员学校法人单位属性和行政隶属关系的情况下，通过人员交流、业务互动等实现成员学校优势互补，共同进步。

鉴于集团化办学在区域义务教育均衡发展中的显著效益，2016 年 2 月 16 日，《东营市人民政府办公室关于推进集团化办学的意见》（东政办发〔2016〕3 号）提出了"2016 年，全市新组建 3～5 个教育集团，集团化办学覆盖率达到 50%；2017—2018 年，深化集团化办学改革，全市集团化办学覆盖率达到 70%；到 2020 年，基本实现市域内优质教育资源全覆盖，城乡教育优质均衡发展，教育现代化水平显著提高"的发展目标。由此，东营市域内义务教育均衡发展态势初步形成。

第二节 学校层面小班化教育的实施路径

一、文化建设

学校文化是学校发展的灵魂。学校特色文化内涵的核心是学校的文化价值观。

（一）重构小班化教育环境下的现代学校文化

随着小班化教育的推进，在教育实践过程中，学校对文化建设越来越重视。但是，目前许多学校为了响应政策导向，文化建设只是走形式而并非深入到文化的实质。因此，学校要引导广大师生从根本上认识文化建设的意义和教育价值，真正推进文化建设。

文化的浸染是学校实现教育功能最好的体现，文化建设就是学校的灵魂和基础。小班化教育改变了原先的教育环境和教育生态，使教育更加精细化，让个性化教育成为可能，也使学校文化发生改变成为可能。建设文化环境，学生便能在文化的熏陶与浸润中活泼主动地发展。

（二）重构小班化教育环境下有文化的现代学校

重构学校文化和建设有文化的学校二者相依相成，在《中国学生发展核心素养》中，人文底蕴排在首位，其实质就是文化底蕴。当前，我国中小学校的主题是全面提高教育质量，把立德树人作为学校工作的根本任务。小班化教育环境下，立德树人和文化育人就是第一要务，需在创新的办学实践中形成小班化教育文化特色，探索构建小班化教育办学思想体系。从注重学校布局、文化设施、绿化、美化等物化形态的硬件环境建设到校风校纪、办学理念、人际关系等非物化的学校软环境建设，从形式入手，逐渐深入到实质，形成学校能够不断前行的文化内核和精神力量，积淀和创造出优秀的教育文化。在文化的濡染下，学生能够提高文化品位，积淀浓厚的文化底蕴，成为有宽厚文化基础、有更高精神追求的人。

二、师资队伍建设

教育界有一句名言叫"蹲下来看孩子"，教师要和学生站在同一条平行线上，以学生的眼光看问题、看世界，让学生从内心真正感到被尊重、被理解、被看见。但是，在大班教育中，由于学生数量所限，教师很难做到。而在小班化教育中，教师可以对学生进行更为细致的指导，让学生敞开心扉去学习。

首先，小班化教育环境促使教师转变教育理念。教师是教育教学的实践者，要确保小班化教育目标得到真正落实，必须保证教师能准确理解小班化教育的实质，并知道如何在实际教育教学中落实。小班化教育作为一种教学形态，处处体现了"以人为本，充分关注每一个学生的个性发展"的教育理念。小班不仅是简单的相对于大班在学生人数上的减少，而是更注重学生素质的培养、自主学习习惯的形成和学生个性的发展，更符合我们所提出的素质教育的要求。教师应把"着眼于学生发展"的思想，融入每一节课之中，融入每一次和学生的交互活动之中。

其次，培养有智慧的教师，实现教师由"知识本位""学科本位"向"学生核心素养培育"转型。教师备课质量的高低决定着课堂教学效益的大小，教师在备课过程中需要深入研究课程目标、教材教学价值、学生学习需求，审慎确定教学立意，科学构建教学载体。因此，备课越充分，课堂生成才越丰富，才能促进每个学生全面而富有个性地发展，让学生充分分享各种教育资源，有更多的机会处于教学活动的中心地位，有更多时间与教师交往、沟通，让学生得到个别化的教育。教师应该从自身出发适应小班化的教学模式，积极改善师生关系，构建良好的师生沟通的平台。教师在小班化的建设过程中，应该对学生的个人特点进行多方面的关注，以学生的个人发展和综合素质提升为教学目标，促进学生核心素养的提升。

三、课程建设

学校课程开发是国家课程、地方课程校本化和校本课程特色化的过程。由于国家现阶段的课程不能照顾地域差异，为了能够与学校环境、具体地区相适应，并将小班化办学理念更好地凸显出来，各个小班化教育学校都应开发适合不同学科的校本课程。

（一）国家课程和地方课程校本化，校本课程特色化

为有效实施小班化教育，学校须打造精良的小班化教师队伍，开发精当的小班化教育特色课程，构建精致的小班化教育课堂。学校课程的开发必须遵循《基础教育课程改革指导纲要（试行）》，学校和教师通过选择、改编、整合、补充、拓展等方式，对国家课程和地方课程进行再加工、再创造，使之更加符合学生、学校和社区的特点和需要，使国家课程和地方课程校本化，校本课程特色化。

（二）学校由课程执行转变为课程自主

2016年9月《中国学生发展核心素养》总体框架正式发布，在此框架下人们应该重新认识课程的价值和定位。只有创造性地使用教材，才能真正使学生学到有价值的知识。从关注课堂到重视学生综合素养的提升，小班化教育作为一种新型课程实施形式，体现了革新教学的理念。

"课程校本化"是学校基于学校校情、教师教情以及学生学情对国家课程和地方课程所做的教育教学转化与消化，更强调课程的适用性和针对性。"校本课程"是学校根据自己的办学理念，适应学生多样化发展的需要，以本校教师为主，充分利用所在社区和学校的课程资源所开发的课程。它是对国家课程和地方课程的重要补充，是国家和地方课程计划中不可缺少的重要组成部分。根据学校实际和学生发展的需求，围绕培养目标，分年段、分主题组建校本课程框架，坚持培育学生核心素养的教学理念，组织多元化的教

学活动，凸显学生在学习过程中的能动性与探究性，将是提升小班化教育教学质量的核心要素。

四、课堂教学变革

随着时代的不断发展和进步，社会发生着深刻的变革，教育作为社会发展的强大动力，必然也要适应社会发展的需求。小班化教育着力于构建知识、能力、素质三位一体的教育模式，用以凸显人的主体意识，彰显人的创新能力。

学校小班化教育的课堂，提升了学生在教学活动中的参与度，启发了学生的思维，使教育朝着科学化的方向发展。为使小班化教育的课堂实现最大的功效，要注重采取以下策略。

首先，注重主体化参与的策略，以激发学生主动参与教学活动的自觉性。重点是在小班化教育的课堂教学中，激发学生主动参与教学的意识，这种参与是积极而有贡献的参与，而不是被动地接受。只有这样才能让学生参与教学的全过程，真正成为学习的主人。在运用参与教学的策略时，要把握住全员参与、主动参与的原则。教师在教学中，要想方设法围绕教学目标，创设能让学生主动参与的情境，让每个学生在学习的过程中有话敢说、有疑能质、乐于参与，同时重视对学生参与程度的指导，让他们主动发展。

其次，注重合作化互动的策略，充分调动学生的积极性、主动性，实现生生互动、师生互动。在小班化教育的课堂教学中，教师把学生当作学习的主人，在师生互动的基础上，挖掘生生互动的潜力，充分发挥小组合作学习的优势，通过进行小组学习、组际交流、组际互查、组际竞赛等活动，激发生生互动的热情。教师具有指导学生积极参与教学活动的能力，启发学生在交往中展开讨论，激活学生思维，使他们互相启发、取长补短、加深理解，真正达到提高学生口头表达能力、分析问题能力和解决问题能力的目标，共同完成学习任务。

最后，注重教育公平的策略，以适应学生个性差异，关注学生素质与个性发展。小班化教育课堂提倡"阳光普照""均等教育"，奉行"无一人掉队"的教育理念，正视学生存在的差异，在备课、教材设计处理、教法选择、评价模式、作业布置等方面均考虑每一个学生的学习需求。

小班化教育的优势显而易见，加快小班化教育课堂教学的研究，实现小班化教育势在必行。

五、教育教学评价研究

教育教学评价是指对教育过程及其结果做出的价值判断和价值选择。小班化教育教学评价的根本目的是促进学生生动活泼地、主动地发展，促进学生能力和综合素质的提高。开展小班化教育教学评价是进行素质教育改革的关键所在。在小班条件下，教育教学评价的内容更多元，形式更多样，操作更灵活，功能更明显。教育教学评价成为教师及时调整和修正自己教学行为的必要依据，成为学生不断反思和改进学习活动的重要反馈。

要建立有效的小班化教育教学评价体系，应突出以下特点。

首先，要彰显主体性和多元性的特点。小班化教育十分注重学生在教学中的主体作用，评价作为教学过程中的重要环节，学生也应该参与到评价的过程中来。同时，小班化教育下的评价是多元的，评价的内容包括学生发展的各方面要素，既有对学生知识学习的评价，也有对学生在学习过程中客观存在的各种非智力因素的评价。

其次，要关注激励性和个性化的特点。小班化教育要创造适合学生自主发展的教学模式。在教学评价中，要求以激励性评价为主，以此激发学生的合作精神和培养学生的竞争意识。同时，小班化教育强调因材施教，因此，教学评价必须体现个案化、个性化的特点，即对不同的学生可以有不同的评价标准和方法。

最后，要突出形象性和形成性的特点。小班化教育更多地关注学生发展的需要，更多地兼顾学生的年龄特点。同时，小班化教育的教学评价强调过程性评价和即时性评价，不仅能对调控教学、激励学生起到及时调节与导向的作用，而且还能为终结性评价积累素材。从更深远看，小班化教育的教学评价应当重视教学过程的形成性评价。

　　由于新课程要求建立与之相适应的课堂教学评价体系，因此，构建科学的、为新课程服务的课堂教学评价体系成了小班化教育评价研究的重点。

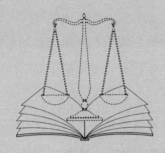

第三章

熏陶与浸润：

文化的魅力

　　学校文化是学校的灵魂，它凝聚了全校师生共同的价值观、共同的信念、共同的愿景、共同的努力方向。学校文化是全面实施素质教育的有效载体。优秀的学校文化，可以陶冶学生的情操，启迪学生的心智，促进学生全面发展。

第一节　小班化教育环境下的现代学校文化重构

德国教育家斯普朗格认为教育也是一种文化活动，这种文化活动指向不断发展着的主体的个性生命生成，它的最终目的，是把既有的客观精神（文化）的真正富有价值的内涵分娩于主体之中。学校是传承和创新文化的重要场所，必须重视文化建设，营造育人环境，使学生在学校中能够生动活泼主动地发展。

在新一轮的基础教育课程改革中，以文化来引领学校的改革发展是题中应有之义。小班化教育改变了原先的教育环境和教育生态。小班化环境下的学校文化重构，关涉物质、制度、行为和精神各个层面，要从环境营造、制度构建、课程内容资源开发、教师文化建设、学生文化建设等多方面积极主动地融入学校特色的文化内容。

东营市教育局印发的《2013—2014 学年度全市小班化教育试点工作实施方案》明确了加强小班化教育环境创设的要求："积极创设体现小班化教育特色，有利于学生主动学习、有利于师生互动交流、有利于学生走班选课的教育环境。""积极营造小班化教育氛围，大力开展校园文化和班级文化建设，做到校校有特色，班班有主题。"同时，对环境建设和文化建设等指定责任单位，明确落实时间。东营市教育局印发的《东营市小班化教育校园文化建设指导意见》，对小班化教育试点学校的文化建设进行了整体规划，提出了具体要求。

东营市教育局多次下发文件，对小班化教育试点学校的文化建设等工作做出指示。如 2014 年 10 月 30 日，东营市教育局印发的《加快推进小班化教育内涵发展的指导意见》，对"环境与文化"提出了具体要求，要"更新办学理念，倡树良好校风，加强民主管理，建设和谐校园，创设富有时代感和感召力的学校文化环境"。

第二节　建设有文化的学校

随着东营市推进小班化教育试点工作以来，许多试点学校的教育理念、教育环境、文化氛围、教育生态等都发生了巨大变化。这些学校在"以人为本"核心理念的指导下，对小班化教育环境下的学校文化建设进行了积极、大胆的探索和实践，取得了很多宝贵经验。

〔案例一〕　　　放歌"和乐"　信步前行

广饶县丁庄镇中心小学在学校文化建设中，传承历史，立足实际，把握教育发展的脉搏，创建了富有生机活力、诠释学校发展愿景、凝聚师生力量的"和乐"文化。

一、校园文化建设尽显"和乐"理念

在实施小班化教育的过程中，为了把反映"和乐"文化的元素具象化，使校园文化可听、可看、可感，除了让学校的理念、制度、管理、行为、人物闪现"和乐"的光辉，还通过显性的文化构建，使校园的一砖一瓦、一草一木、一画一像尽可能地突出"和乐"元素。

1. 人文景观——阐释"和乐"文化理念

①"和乐"主题雕塑。走进校园的大门，映入眼帘的是"和乐"主题雕塑，雕塑底座是欣然怒放的荷花，象征着校园师生和和乐乐；底座上方是紧握的双手，寓意学生、教师、家长之间和谐相处；在雕塑的顶

部是熠熠发光的星星，代表"星光工程"，寓意在小班化教育背景下，实现"关注每一个，成就每一个"的目标，让每一个孩子都能闪烁自己的光芒。

②"和乐"吉祥物。学校吉祥物"和和"和"乐乐"是孩子们都喜欢的卡通形象，分别以荷花和荷叶为原型精心设计。女孩造型的吉祥物名为"和和"，借鉴了荷花的元素，主色为粉红色，寓意女孩美丽、大方。男孩造型的吉祥物名为"乐乐"，借鉴了荷叶的元素，主色为绿色，寓意男孩活泼、健康。

2. 走廊文化——凸显"和乐"文化元素

步入教学楼，走廊两侧的关于中国历史、二十四节气、中国传统节日这些体现中国传统元素的图片和文字每天伴随学生上楼、下楼。从上学到放学，从教学楼内到教学楼外，师生都能感受到中国传统文化的博大精深。走廊文化在涵养学生精神的同时，也愉悦着他们的身心。

3. 班级文化——彰显"和乐"文化内涵

"关爱每一个学生，让每一个学生自由发展"是小班化教育中建设班级文化的大主题。学校在班级文化建设中处处突出以人文本，注重人文性、教育性、丰富性和独特性的有效整合，努力做到班级形象个性化、活动空间多彩化。各班设计了班徽、班级口号，打造了各具特色的班级文化。教室内建有小书虫俱乐部和立体展示墙，打造了立体、多彩的学习园地。教室里还开辟了种植角，用于种植盆栽植物；学校为每个学生定制了储物柜，定做了多边形课桌；教室里安置了教师办公桌等设施，满足小班化教育需求。从孩子的角度出发，让教室成为温馨的家园，师生向往的地方。

图 3-2-1　特色班级文化：为学生定制的储物柜

4. 功能室建设——助力"和乐"课程实施

小班化课程体系的构建以学生发展为目标，重视学生的自主选择。为了建设适合每个孩子发展的课程，学校开设了"和乐课程超市"，采取选课走读的方式，打破了班级、学段、学科的限制。为了给学生的社团活动提供适宜的活动场所和教学设施，学校精心打造了烹饪室、围棋室、书法室、古筝室、舞蹈室等功能教室，充分利用了教育资源，促进了校本课程的开发与实施，使课程建设的要求在小班载体下得以充分体现。

二、"和乐"文化下的小班化教育成果丰硕

1. 人文环境更加和谐

小班化教育更加注重师生、生生面对面的交流，强调学生的合作与分享。在"和乐"环境中，学生有了安全的环境和舒畅的心情，更能静心地学习。在这样的环境中，师生关系更加和谐，教师乐教、学生乐学。更为可喜的是，

学校焕发出勃勃生机，整体精神面貌焕然一新，"和乐"文化已初植于学生心田。

2. 班级文化各具特色

一所学校的品质，在很大程度上是由一间间教室的品质决定的。在班级文化建设中，教师以"和乐"文化为教室立魂，每一间教室都与众不同。如一（8）班是"小荷班"，其班徽的主体是荷花花苞造型，花苞的下面是一双手，象征着教师呵护每一棵幼苗，寓意每一个孩子的成长都有一个过程，作为教师，要慢慢欣赏，静待花开。三（5）班，将"礼"引入班级文化建设，让书法成为特色，"翰墨书香"成了班级名片。

3. 课程建设，取得实效

学校积极开发并逐渐完善"和乐"选修课程，建立了包含围棋、古筝、跆拳道、舞蹈等课程的"和乐课程超市"，于每周三下午开展活动。学生可依据自己的兴趣爱好选择课程。

在"和乐"课程建设中，以"让每一个学生掌握两项体育技能、两项艺术技能、一项生活技能"为培养目标，开发了面向全体学生的"2+2+1"课程：两项体育技能是在篮球、竹竿舞、跳绳中任选两项；两项艺术技能是葫芦丝和书法；一项生活技能是烹饪。多元、开放的校本课程丰富并拓展了国家课程和地方课程，与国家课程、地方课程互为补充，让学校课程更具生命力，为不同学生发挥个性特长提供了舞台。

4. 星光工程，"乐"在其中

学校深入实施"星光工程"，对在学习习惯、个性特长等方面表现突出者进行表彰，评选出了"礼仪之星""勤奋之星"等十几种"闪耀的星星"。自实施这项工程以来，学校先后组织了上百名"星级学生"集体出游。他们畅游孙武故里，传承了乐安文化；他们考察黄河，站在黄河大桥上，触摸着母亲河的脉搏；在湿地公园，他们走进自然，与大自然亲密接触；漫步清风湖，感受那份神清气爽；郊外野炊，体验别有风味的美餐；在中国著名蔬菜之乡寿光市的林海生态博览园，观生态风光，品林海秋韵……

学生在这些活动中，不仅亲近了大自然，而且受到了情感的熏陶，磨炼了意志，提高了动手实践能力和团结合作意识，真正实现了"让每个学生都能找到做好学生的感觉；让每个学生的个性都得到张扬"。

图 3-2-2　星光工程：在大自然中寻找快乐

三、基于核心素养培育的解析

1. "和乐"文化丰实学生的人文底蕴

文化是人存在的根和魂。在《中国学生发展核心素养》中，人文底蕴排在首位，其重要性不言而喻。人文底蕴主要是指学生在学习、理解、运用人文领域知识和技能等方面所形成的基本能力、情感态度和价值取向，具体包括人文积淀、人文情怀和审美情趣等。学校构建的"和乐"文化，从传统文化教育入手，重在强调人文领域的知识和技能的习得，让学生提高文化品位，积淀人文底蕴，成为有扎实文化基础、有更高精神追求的人。

文化如水，滋润万物，悄然无声。学校文化对培养学生的人文情怀起到重要作用。在小班化教育环境下，教育关怀更深入、更细致，关切到每一个学生的精神需求。学校在人文景观的建设中，将"和乐"元素加以渗透，让学生不仅感受到景物的美，还有文化的美。"和"一直是中国传统文化的核心内容之一。通过"和乐"文化建设，实现老师、学生的和与乐，进而达到人与人、人与社会、人与自然的和谐共生。

除了发挥环境育人的作用，学校还从传统文化中挖掘"和乐"元素。学校开发了"传统文化"校本课程，围绕二十四节气、传统元素、传统节日等主题设计了课程，引领孩子们了解民族历史，认同民族文化，传承民族精神。

审美情趣也是培养学生人文底蕴的重要方面，为此，每到夏天，学校就会举行荷花节，全校师生共同赏荷、唱荷、诵荷、画荷，一系列文化活动给予了全校师生美的享受。

2. "和乐"文化促进学生自主发展

自主性是人作为主体的根本属性。自主发展，重在强调学生能有效管理自己的学习和生活，认识和发现自我价值，发掘自身潜力。在实施小班化教育的过程中，学校通过校园文化建设、选修课程开发、"星光工程"的实施，引导学生自主发展。

首先，学生在班级生活中得到更多关注，有利于学生更好地成长发展。在小班化教育背景下，无论是班级文化氛围，还是班级管理模式，都以"关注每一个，接纳每一个，发展每一个"为目标。这样，在班级活动中，师生关系更加民主、平等、和谐，每个学生都有机会平等地参加各项活动，每个学生都有机会展示自己的作品。

其次，学校为学生自主发展搭建了平台，建设了开放而又有活力的校本课程体系，促进了学生的个性发展。"和乐"课程的开发以"为每一个学生设置合适的课程"为宗旨，重视课程资源的整合及课程内容的综合性、实践性、社会性和趣味性，培养学生的探究能力、创新意识和协作能力，让每一个学生张扬个性风采。

最后，加强学生的自我管理，促进学生正确认识自我价值。"星光工程"的实施，不仅引导学生发现了自己的闪光点，而且构建了发展性学生评价体系，学生、家长、教师共同参与评价，关注学生个体差异，促进学生健康、全面的发展。

文化兴校，永远在路上。丁庄镇中心小学以"和乐"文化为引领，努力打造"每天进步一点点，每天快乐一点点"的生态校园，为实现"气正人和，师生同乐"的教育愿景而进行着不懈的追求和探索。

〔案例二〕 **五韵小班　韵味十足**

东营市胜利胜采小学利用小班化教育试点的机遇，积极探索小班化班级文化的建设。学校从大处着眼、小处着手，以小班化班级文化的建设带动学校文化建设的深入开展，力求每一个孩子健康、快乐成长。

一、精心打造班级文化，展"五韵小班"独特韵味

2014 年暑假，小班化教育试点班级的班主任和辅导员老师开始研究"小班化教育"。什么是小班化教育？难道人数减少了、讲台敲掉了就是小班化教育？小班化教育的起点在哪里？围绕这些问题，老师们自发地查找相关资料，到兄弟学校取经并向专家请教。学校还专门组织老师远赴大连参观学习小班化教育教学的经验。当老师们再次坐到一起时，大家决定从班级文化建设入手迈出探索小班化教育的第一步。围绕怎样的主题来进行班级文化建设呢？经过集思广益，老师们结合自己的特长和孩子们的兴趣，决定以"琴、棋、诗、画、花"为主题，打造班级文化。于是，"琴韵一班""棋韵二班"

"诗韵三班""画韵四班""花韵五班"应运而生，统称为"五韵小班"。

思路有了，说干就干。整整一个暑假，试点班级的老师几乎天天泡在学校。大家从学生学习生活的重要场所——教室入手，首先，改变教室空间格局，把多媒体电脑从讲台的正中挪到教室一侧，把教室里更多的空间还给学生；其次，改变桌椅摆放方式，变过去那种简单的秧田式为T字形或马鞍形；接着，在教室中配置图书架、玩具、体育器材等设施。经过近两个月的时间，"琴、棋、诗、画、花"各班的班级文化在班主任及家长们的巧手中初见雏形。

走进"琴韵一班"，一席做工精美的水晶珠帘映入眼帘，在阳光的照耀下，水晶珠帘闪闪发光；教室墙上贴有中外著名音乐家的介绍、基本的乐理知识以及孩子们参加音乐活动的照片；课桌上盖有班主任精心挑选的带有音符图案的布套，走进这个教室使人如同漫步在音乐的殿堂。"棋韵二班"最醒目的是镶嵌在后面黑板上的大大的棋盘，黑子白子摆放成一局残棋，似乎等待爱棋之人来把它下完。从跳棋、五子棋到象棋、军旗、围棋，喜欢棋类的孩子总能在这里找到自己的最爱。走进"诗韵三班"，仿佛走进了诗歌的海洋，墙壁上张贴有古代大诗人的作品及介绍，春、夏、秋、冬四季诗配画常换常新。"画韵四班"的班徽是一只以红、绿、蓝三色为底色的蝴蝶，寓意每个孩子在艺术的熏陶下，会像蚕蛹一样破茧成蝶，实现美丽蜕变。教室主色调呼应班徽，也是红、绿、蓝三色，教室里挂有齐白石简介以及梵高的名画《向日葵》。最吸引人的是孩子们的美术作品，儿童画葫芦娃、水墨画油纸伞、线描画大风筝等，点点滴滴都体现画韵风格。"花韵五班"以碎花壁纸铺墙，紫白两色花藤装点着老师办公区域，照片墙上贴有孩子们的笑脸，几枝干枯的莲蓬，加上点睛的几笔勾勒，一幅荷塘月色跃然墙上。展示柜里，收集有不同的花朵、果实、种子，再加上孩子们自愿组合培育的绿色盆栽，教室被装扮得格外美丽。值得一提的是，"花韵五班"还开辟了室外种植实践园地——尚耕园，孩子们在这里体验耕耘播种，体会秋收冬藏。

图 3-2-3　小班化班级文化建设——墨香画韵

　　此外，学校统一为试点班级铺设了塑胶地板，并配置了学生专用储物柜和教师办公桌椅等，还拿出一间教室作为他们的公共活动教室。为体现"琴、棋、诗、画、花"的教学特色，学校公共活动教室配备了七架古筝、茶台、名家字画以及花草盆栽，供各个班级协调时间使用。"五韵小班"共同设计了一个标志——用绿、蓝、红、黄、紫五种颜色组成的心形标志，五种颜色体现五彩，分别代表五个班级的主打色，心形代表着用心感悟，同时体现教师间、师生间的心灵沟通、心心相印。

　　在试点班级的影响下，全校性的"打造快乐温馨家园"活动轰轰烈烈地开展起来。孩子们自发地为学校的校园文化建设献计献策，从班级文化建设到楼宇名称的征集，从楼道文化设计到花坛标语设置，从班级名牌构思到学校吉祥物的确定，从绘画作品征集到各类小明星的评选，到处都有孩子们的热情参与。以学校吉祥物的确定为例，少先大队发出倡议后，孩子和家长踊跃参加，学校收到各类设计方案几十种：有体现集体力量的小蚂蚁形象，有体现美好生活的花草形象，还有许多孩子们喜闻乐见的卡通形象。最终，在一位具有专业设计资质的家长帮助下，学校确定了以校园里典型果实树木所结的果实——柿子和石榴为形象，将学校吉祥物定为柿子哥和石榴妹，并为其取名为融融和乐乐，分别代表男生和女生。柿子本身具有酸涩之味，体现了男生的青涩、调皮，但又有力量；石榴本身具有甜味，体现了女生的甜美、可爱，又不失文静。再如学校征集楼宇名称，也着实下了一番功夫。全校共征到稿件上百件，结合孩子们的来稿和学校多年积淀的"融·实"文化、"快乐教育"理念，甄选出楼宇名称分别为融合楼、求实楼、乐知楼和行健阁，表达融实、快乐、健康之意。

在此基础上，学校进一步全面打造校园文化。建设荣誉墙，展示师生在校园生活中所取得的成绩。在教学楼、办公楼内，悬挂精心挑选的励志性标语，展示学生书画作品，张贴教育格言、警句。根据不同的教育目的精心布置教学楼内的长廊和楼道。学校还与山东大学校徽设计者刘乐一教授一起将"百家姓图腾"引进校园，设计了百家姓长廊。

二、学生在韵味十足的文化熏陶中自信成长

"站在黑板前面，美丽的水晶珠帘闪闪发光，透过珠帘看到的是装饰精美的展示台，展示台上陈列的是同学们亲手制作的各类乐器的精美摆件，这既展示了同学们的心灵手巧，又使整个教室富有成长气息。"这是"琴韵一班"的孩子向外来参观的老师介绍自己的班级文化时所说的。如今，随意走进一个实施小班化教育的教室，热情的孩子就会给来宾进行介绍，言谈举止间洋溢着掩饰不住的自信和自豪。同时，你会被各具特色、韵味十足的班级文化深深吸引。"五韵小班"的每一间教室都会说话，每一面墙壁都会微笑。

图 3-2-4　特色班级文化孕育出了灵动的课堂

随着学校对小班化教育的探索与实施，同样改变的还有以学习成绩论好坏的评价传统。如今，"在全方位的评价中寻找学生身上的闪光点，从而让孩子享受学习和成长的快乐"已经成为胜采小学教师的共识。学校在推进小班化教育实践的过程中采用了雏鹰争章、参与爱心体验中队、使用"好习惯"卡、十佳之星评选、使用学生评价手册等多样化的评价方法，并在此基础上，针对小班化教育的特点，进一步完善评价机制。在评价的主体上，变单一的教师对学生的评价为教师对学生、学生对学生、学生对自己、家长对学生的多元评价。在评价内容上，变单一的一张卷子衡量学生的学习水平为综合考查学生的学习能力、学习兴趣、学习方法、学习效果等方面的评价。在评价的形式上，开展小组竞争，为每个班级张贴小组评比表，以便随时开展评价。让每一个学生找到自己的闪光点，激发学生自主发展的原动力，让学生享受学习和成长的快乐。胜采小学小班化教育实践声名远扬，先后有北京、青岛等地的50所学校派代表前来参观学习。

如今的胜采小学，大楼上有鲜红的标语、醒目的校训，大楼前立有漂亮的展示栏，教室窗明几净，楼道内有古诗长廊、绘画作品展，草坪上插着爱护花草树木的警示语，每棵树上都挂有介绍其名称特性的标注牌。学校努力使校园处处充满着人文气息，让学生时时感受文化的熏陶。

三、基于核心素养培育的解析

1. 校园文化建设有助于学生积淀人文底蕴

《中国学生发展核心素养》明确指出人文积淀重点是指积累古今中外人文领域基本知识和成果；掌握人文思想中所蕴含的认识方法和实践方法等。在校园文化建设的过程中，我们发现，文化经典是一个民族的文化之根，更是社会文明的浓缩和精华，是人类社会人文积淀的集中体现。

百家姓作为我国重要的传统文化传承符号，涉及历史学、考古学、民俗学、社会学、人类学等多个学科，是中华文化的重要组成部分。胜利胜采小学将"百家姓图腾"引进校园，将乐知楼一楼走廊和方厅设计成"百家姓图腾"的专区。一个个图文并茂的姓氏图腾符号，集书、画、印等多种元素于一体，其不仅具有观赏性，而且展示出传统文化的独特魅力，学生从这里开始对传统文化进行研究。课间，孩子们在此驻足，了解自己的姓氏图腾，探究姓氏的来源变化。

求实楼二楼是学校的古诗长廊。墙上挂着的一幅幅诗配画，吸引着孩子们一次次前来欣赏、吟诵。"诗韵三班"的教室里张贴的古诗富于变化，常换常新。比如，春天到了，就换上描写春天的诗句，"不知细叶谁裁出，二月春风似剪刀"。组织学生春游、踏青前可以向学生介绍一下韩愈的"天街小雨润如酥，草色遥看近却无"。到了秋天，可以让孩子们从黄巢的《不第后赋菊》中，体会"冲天香阵透长安，满城尽带黄金甲"的豪气。从王维的《九月九日忆山东兄弟》中，体验"每逢佳节倍思亲"的情怀。大雪纷飞的日子，吟咏"忽如一夜春风来，千树万树梨花开"。随着季节的更替、时令的变换，吟诵这些流传千古的古典诗文，让孩子既增加了语言词汇的积累又受到了文化的熏陶。

"自从我喜欢上我们的古诗长廊，不知不觉中我背了许多首诗，还知道了不少诗人的名字呢！大家可别小看这小小的古诗长廊，它带给我们的收获可是很大的。我最大的愿望就是，看到自己创作的诗配画出现在古诗长廊上。"诗韵三班陈乐欣说。

2. 校园文化建设有助于培养学生的审美能力

培养学生的审美能力，简单地说就是培养学生发现美、理解美、欣赏美的能力。小学生的审美情趣，很大程度上受身边环境的影响。因此要最大可能地发挥校园文化环境的教育力量，创设一种氛围，陶冶学生情操，唤起审美情趣，培养审美能力。

学校的艺术长廊是展示孩子们"发现美、创造美"的地方。墙壁上张贴着有艺术特长的学生的照片和简介，还有同学们的剪纸、绘画等艺术作品。"行健阁"是胜采小学的一个幽静雅致的长廊，长廊两边的花坛里摆放有园林石，还种植着许多花草树木，课间学生们在这里看书谈心，其乐融融。每到葡萄成熟的季节，孩子们还能在缀满葡萄的长廊下感受新疆吐鲁番葡萄熟了的场景，在校园里体会语文课本上所描写的场景。

发现和欣赏大自然的美丽景致，是需要培养和教育的。为培养孩子们的审美情趣，"花韵五班"组织了"清影藏树下，蔷薇满枝头"亲子摄影展。班主任聘请专业摄影师给孩子们讲解照相的一般技巧以及单反相机的正确使用方法，鼓励孩子们抓住蔷薇花盛开的大好时机，用手中的相机发现美、记录美。学校专门为这次活动开设了摄影角，将同学们的摄影作品张贴在墙上，这成为学校校园文化建设中的一抹亮彩。

三年来，胜利胜采小学以小班化教育实践为契机，努力打造校园文化建设，让每一堵墙都能说话，让每一块绿地都会抒情，让每一个角落都有美的闪现，达到"韵味十足"的境界，使学生随时随地受到感化和教育，真正体现校园"时时有文化、处处皆教育"的深刻内涵。

〔案例三〕　　　**彰显文化魅力　浸润生命成长**

河口区义和中心学校坚持小班化教育的人本核心理念，将教育的落脚点放在学生的个体发展上。学校结合现状，认真梳理学校文化建设中存在的问题，依据《东营市小班化教育校园文化建设指导意见》，有计划、有步骤地对学校文化进行了再造提升，为打造适应小班化教育的校园文化，实现"文化育人"的教育功能进行了不懈探索。

一、打造小班文化，涵养学生底蕴

在打造小班化教育环境的过程中，学校着力从以下三方面开展工作。

1. 建设环境文化，营造良好氛围

"我们班的黑板变矮了，我去黑板写字的时候再也不用搬着板凳了，终于可以不被同学们嘲笑我长得矮了。"四（1）班的一位男同学兴高采烈地跟同学们聊着教室的新变化。"我们班里讲台也没有了，老师经常站到我们中间来，我现在好像不太害怕老师了，不会的问题经常问老师。最近大家都夸我学习上有了很大的进步。"有个学生接着说。学校对教室进行了改造，而且对墙壁也充分利用，用于展示每一个学生的作品，并在读书、绘画、行为习惯养成等方面分栏目展示学生的成长足迹。

同学们的身影不再仅仅局限于"秧田式"的座位上了：音乐课上，课桌被摆放成"马鞍形"，这为学生留出了表演的空间；美术课上，课桌被摆放成"品字形"，为学生的小组合作提供便利。

2. 健全制度文化，发挥学生潜能

"这个月的综合素质评价，我得了40分，还差两分就是满分了。我要继续努力，争取在下个月的评价中表现得更为出色。"六（1）班的张则宇在和同组内的伙伴分享自己的综合素质评价得分，其他同学也在浏览着自己的得分情况，看完后他们把这个月的综合素质评价表整齐地放在了自己的个性化成长档案中。个性化成长档案里不仅有这些，还有学生们学习生活中的其他资料，如成绩单、绘画作品、照片等。使用个性化成长档案让学生及时进行自我评价，从而使学生主动、自觉地规范和约束自己的言行。

在实施小班化教育的班级中，班主任充分发挥班级人数少的优势，设置了多种班级管理岗位，如"值日班长""文明卫士""图书管理员""好人好事记录员"等。

图 3-2-5　文明卫士在值日

3. 丰富精神文化，扩大文化内涵

学校一直秉承"义信致远　和谦至善"的校训，弘扬"明德求真　励志拓新"的校风，秉行"博学敬业　厚德启智"的教风，践行"自强弘毅　笃学诚行"的学风。在这样的氛围中，开展丰富多彩的班级活动，创设平等和谐的师生关系，让学生获得更多的展示机会，让师生有更多的交流。

"妈妈，快看，我的文章被选中发表了！"七（2）班的于晓阳在浏览学校的微信订阅号时惊喜地发现了自己的文章。学校在微信订阅号平台展示优秀的学生作文，激励学生积极创作。学校还定期举行读书节活动，让学生有更多的机会畅游浩瀚的文学天地。

二、打造校园文化，亮丽每道风景

学校利用开展小班化教育试点工作的契机，充分发挥师生在校园文化建设中的主体作用，树立了校园文化全员共建的意识，从学校领导到师生员工都参与校园文化建设。全员共建校园文化的做法为学校的各类活动顺利举行奠定了良好的基础，如金秋图书节、诗歌朗诵、话剧表演、诗词听写大会、征文等，这些活动丰富了校园文化的内涵，让学生们真正受益。

校园文化建设极大提升了学校的文化品位。四年来，不断有区内外领导、同行到校参观交流。学校于2014年承办了河口区小班化教育试点工作现场会。河口区教育局领导在会上说："义和中心学校在硬件与软件方面都为小班化教育的实施奠定了基础，丰富多彩又具文化底蕴的校园环境浸润每个生命，不论是整体的校园布置，具有创意的墙壁文化，还是具体到教室的点点滴滴，都真正关注了学生，发展了学生。"

学生们在大课间的活动变得丰富多彩，花样绳操变幻多样，艺术球操整齐划一……班级展示处犹如百家争鸣，热闹非凡。校园里鲜有追逐打闹的场景。大家共同维护校园环境，不再乱扔乱放；学生见到师长，礼貌问候……这些改变有赖于个性化成长档案和综合素质评价的使用，学校德育工作上了一个新台阶。

三、基于核心素养培育的解析

1. "贴近大地行走"的校园文化，有助于培养学生的人文底蕴

一个人的人文底蕴代表了其内在素质和文化涵养，是其情感、意志、审

美、个性气质、价值取向、行为习惯等品质的重要表征。学校在打造校园文化的探索中，遵循学生成长规律，立足学校发展实际，科学设计，关注细微，"贴近大地行走"，让每一个孩子的心灵得到滋养，精神得到丰实。

漫步校园，会"说话"的墙壁是一大特色。墙壁展示内容的选择上坚持展示每一个学生的亮点作品，形式上坚持从艺术的角度出发，从内容到形式都力求美的体现，让学生在耳濡目染中，提升审美情趣。同时，创造力是学生所需具备的核心素养之一，教室的布置设计为学生提供创造思考的空间。在义和中心学校的每间教室里有许多体现学生创造力的痕迹，尤其在实施小班化教育的教室，这些痕迹更为明显：如2013级（2）班的"我的地盘我做主"，展示的是学生们引以为豪的科幻画、优秀作文、精美收藏、书法作品等；2014级（2）班的"心语心愿"，让学生把当天所学的心得与感想用自己喜欢的方式写出来、画出来，与同学分享；2015级四个班则展示了学生喜欢的手工作品，有栩栩如生的泥面塑、盘子画、折纸、立体创意绘画、布贴画等，充分展示了老师和孩子的智慧与才能。让每个学生都有机会参与教室布置，展示自己的才艺，表达自己的美感，发挥创造的个性，让有限的教室空间成为无限的教育资源。

教室书柜里摆满了学生喜欢的图书，书柜边上写有"我阅读我快乐我成长"，力求引领学生们都喜欢阅读。在阅读的过程中，学生们开阔了视野。教师在引导学生阅读时，遵循学生的认知发展规律，不仅推荐适合的文学作品，还安排时间让学生交流心得，让学生在聆听、甄选的过程中提高审美情趣。

2. 巧用微信订阅号平台，激发了学生勇于探索的精神

学校应注重培养学生的核心素养，以使学生在今后的自我发展中游刃有余。学校开设微信订阅号平台，在订阅号平台展示优秀的学生作文，这样既可以激发学生的创作欲望，又可以让家长随时了解孩子的写作情况，搭建了一个更为便捷有效的互动平台。微信订阅号平台不只展示学生的优秀作品，还可作为教师传授作文知识的窗口，老师将零散的知识分批次放到平台上，

学生在不自觉地浏览中便学到了新知。这样的方式不仅有助于作文教学，而且对学生夯实文化基础具有特殊的效果。

微信订阅号平台不仅深得学生和家长的喜爱，更备受语文教师推崇。它使学生随时获得源头活水，补充精神养料，更激发了学生的好奇心，让学生去深入探究相关领域，进而培养他们坚持不懈的探索精神。

3. 改进评价方式，促进学生综合素养的提升

素质教育理念凸显了教育的发展性功能，即挖掘每个学生的潜能，尊重每个学生的个性，让学生找到适合自己个性潜能发展的生长点，让每个学生在原有的基础上得到提高。核心素养是对素质教育内涵的具体阐述，可以使新时期素质教育目标更加清晰，内涵更加丰富。学校以使用个性化成长档案和学生综合素质评价为抓手，适时关切学生的生存、发展，尊重、维护学生的尊严和价值，让学生富有存在感和幸福感。

学生的个性化成长档案是学生在校学习生活过程中形成的各种具有保存价值的文字和图像资料。理想的个性化成长档案能够展现出一个学生完整、立体、动态的成长历程。个性化成长档案的内容包括四个方面：一是有价值的、具有创造性的学生作品；二是教师对学生的观察与评价；三是家长对孩子的观察与评价；四是能反映学生成长历程的照片资料。学生的个性化成长档案完整记录学生成长足迹，真正关切学生的成长和幸福。

学生综合素质评价有七个维度，分别是"道德品质""公民素养""学习能力""交流合作与实践创新""运动与健康""审美""表现能力"。对于该项评价，被测评同学要撰写"自我介绍"，同学之间要"互评"，班主任或任课老师要撰写"师评"。综合素质是对学生发展的整体要求，是关注学生不同素养的协调发展。《中国学生发展核心素养》是对学生综合素质具体的、系统化的描述。研究学生核心素养，有助于全面把握综合素质的具体内涵，科学确定综合素质评价的指标；综合素质评价结果可以反映学生核心素养发展的状况和水平。学生综合素质评价与个性化成长档案相辅相成，促进学生

综合素养的提升。

学校文化如水一样，虽柔弱却无孔不入，无坚不摧，不达目的誓不罢休。建设有文化的学校要着眼于培养"全面发展的人"，健康、向上、丰富的校园文化对学生的品性形成具有重要作用，对提高学生的核心素养，拓宽学生的视野，培养跨世纪人才具有深远意义。河口区义和中心学校也在不断地反思与改进中实现着文化育人的梦想！

〔案例四〕 **为学生打开面向世界的窗户**

东营市晨阳学校着眼于学生成长的诉求，自2013年实施小班化教育以来，以培养具有国际视野的人为目标，积极拓展教育的广度和深度，力求给学生创造优雅大气、能培养其国际视野的教育环境，为学生幸福成长和终身发展奠基，努力将学校创建成学生向往、家长信任的地方。

一、多元并举，创设能培养学生国际视野的教育环境

晨阳学校关注学生的课程需要，致力于培养学生的国际视野，积极开展对外交流实践，快速推进晨阳学校的小班化教育发展。

1. 积极进行课程整合，让学生迈开感知多元文化的第一步

课程是教学的核心。在严格执行国家课程计划的前提下，学校各学科教师紧密结合本学科教学目标，挖掘现有教学内容中能培养学生国际视野的内容，找准切入口，让学生感受世界文化的差异性和多元性，并让学生在与多种文化的碰撞中体验学习的快乐。语文教学不仅注重对中国传统文化的传承，同时还引导学生多阅读外国文学作品，特别注重对同一题材不同国别、不同作家作品的对比阅读；地理课则引导学生了解不同的地理位置造就的不同的地域文化，帮助学生建立地球村的概念。

积极做好课程的整合，让学生开展综合性学习。学校定期开展"说天下"主题系列活动，尝试将地理课与历史课、思想品德课、语文课等整合。针对热点问题，首先由地理老师组织学生查找地图，然后由历史老师引导学生翻阅历史资料，思想品德老师带领学生分析造成事件的政治背景，再由语文老师组织学生开展专题辩论赛或演讲会，最后用手抄报的形式完整地呈现整个研究过程并在学校固定橱窗展示分享。这一活动综合不同学科的教育资源，打通了学科之间的壁垒，丰富了学生的知识积累，拓宽了学生视野，培养了学生思考问题的广度和深度。

2. 建设校园文化，为学生推开放眼国际的一扇窗

学校充分利用长廊、教学楼、宣传栏、楼道等位置，介绍不同国家的风俗与文化。长廊里悬挂的世界各国科学家的头像和事迹简介，在默默诉说着人类文明的发展与变化；阅览室里陈列的中英文不同版本的图书，用不同的语言诠释着人类共同的情感；宣传栏里的"放眼看世界"，像流动的地图，通过世界各国服饰介绍、著名建筑欣赏、饮食特色介绍、民歌介绍等，图文并茂地展示着世界各国某一方面的特色，让学生感知同一主题在不同文化背景下呈现出的丰富多彩的形式，给学生打开了解世界的窗口；还有橱窗里定期更新的"说天下"专栏，展示着学生们对国际问题的认识和解读，传达着晨阳学子放眼国际、胸怀天下的情怀。

3. 面对面交流，为学生打开国际交往的实践之门

课程实施、文化浸润还只是引导学生站在家门口看世界，对外交流则给学生提供了与不同国家的人面对面交流的机会。学校加强了与美国、韩国两国友好学校的教育交流，开展了重文化交流、重生活体验的友好学校共建和学生夏令营互访等活动，这成为东营市小班化教育的一道别致风景。

实地考察镜头一：2009 年 2 月，晨阳学校与美国康州波尔区小学结成姊妹学校，时任校长刘知晓与波尔区小学校长莱森（Larson）代表双方学校签署了合作协议，以加强两校间的交流互动，增进两校的友谊，共同推进双方

教育发展。两校结为姊妹学校以来，一直保持着良好的互动关系，刘知晓校长曾到康州波尔区小学进行了为期三周的学习访问；美国教师也专程来晨阳学校进行了交流，并指导了学校英语教学工作，还应邀到学生家中做客。互访期间，双方教师进行了教育教学交流，探讨了在不同教育体制下的教育教学方法。两校学生不仅开展了图书互换、互赠贺卡等传统方式的交流活动，还利用现代化信息手段，进行了邮件交流及视频对话，现代化的交流手段帮助两校学生丰富了交流内容，增进了友谊。

图 3-2-6　莱森校长学用毛笔

实地考察镜头二：2016 年 8 月，扈国营、牟川川两位老师带领晨阳赴韩文化交流考察团，到韩国进行了为期一周的交流学习。

二、小班化教育条件下的培养学生国际视野的教育环境创设成果显著

1. 培养了学生对多元文化的理解力

一个人一生的脚步，绝不会超过其视野的极限。课程的整合与综合性学习的开展，培养了学生的研究能力；校园文化氛围的营造，使学生站在晨阳就能感受世界之大；对外交流提高了学生的英语口语表达能力，同时让学生在实践中感受不同文化的魅力，让学生收获自信心与成就感。

2010 年圣诞节，晨阳学校的师生与美国波尔区小学的师生进行了半小时的视频交流，双方孩子的快乐与兴奋，从他们明亮的眼睛和灿烂的笑容中显露无遗。当孩子们发现，波尔区小学的很多小朋友都喜欢吃饺子，并且会包饺子时，他们的民族自豪感悄然而生。当对方说喜欢中国的双节棍时，晨阳学校的师生们被"双节棍"这个英语单词难住了，最后是连说带比画的过关了。通过此次活动，孩子们发现真实的交流不需要严格地遵循语法，只要对方听懂就可以了，这也是一个不小的收获。

视频交流后，老师和孩子都分享了各自的心得，孩子们的回答着实令人吃惊。"我们和他们相比，感觉太紧张了，他们很放松。""真羡慕他们一个班才十二名学生！""有机会去他们那里教他们中国功夫！""我要做一些圣诞卡片送给他们。""他们给爸爸妈妈做的节日卡片太精美啦！"……

孩子们在彼此的分享中感受着来自大洋彼岸的不同文化，及不同文化背后承载着的相同的情感，即在节日里对亲人及朋友的祝福和对美好生活的向往，从而认识到人类社会有着许多共同的价值观。

2. 提升了教师的眼界和责任感

培养具有国际视野的学生，关键在教师。拓宽学生的国际视野要以课程为载体，教师要转变观念，提升文化素养，促进自身的全方位发展和终身教育观念的形成，提升职业幸福感和责任感。扈国营老师在 2016 年暑假带领学生参加韩国游学交流后，找到了优化自己教学的方法，要让学生有更多的选

课权，鼓励学生发展自我导向的学习能力。作为晨阳学校的老师，就应该不断丰富和完善自己，并按照教育公平的原则，让每一个学生都接受平等而优质的教育。

三、基于核心素养培育的解析

《中国学生发展核心素养》中，对于"国际理解"这一核心素养的具体阐述为："具有全球意识和开放的心态，了解人类文明进程和世界发展动态；能尊重世界多元文化的多样性和差异性，积极参与跨文化交流；关注人类面临的全球性挑战，理解人类命运共同体的内涵与价值等。"

国际理解教育的目的是增进不同文化背景、不同种族、不同宗教信仰和不同区域、国家、地区的人们之间的相互了解；加强他们之间的相互合作，以便认识和处理全球存在的重大共同问题；促使每个人都能通过对世界的进一步认识去了解自己和他人，将事实上的相互依赖变为有意识的团结互助。

无论是课程整合、综合性学习，还是文化建设和对外交流实践，晨阳学校的小班化教育都非常好地体现了国际理解教育的理念，且与课程改革相得益彰。

1. 播种中国情怀，坚定学生的国家认同

民族精神是支撑一个民族生存的基石。国际理解教育首先强调的是对民族精神的弘扬和认同，给每个孩子心中播种中国情怀的种子，让学生在了解别国文化，了解国际发展动态的同时，反观本民族文化及发展前途，增强民族自尊心和责任感。

在晨阳学校组织的与美国波尔区小学的视频交流活动中，双方的孩子热情而投入。在交流到中国的传统文化时，晨阳的学生得知美国的孩子非常喜欢中国功夫，并且还在努力地学习中国功夫，民族自豪感油然而生，这一交流加深了学生对传统文化的认识和体会，他们下决心要把中国的传统武术继承和发扬下去。老师们在此次交流活动后相继开展了与传统文化相关的活动

课程，如研究中国传统武术，研究传统习俗，研究中外习武风俗的不同等，并将武术作为一项课程来实施，吸引了大批学生报名参加。

学生们认识到作为一名中国人要从小做起，从小事做起，认真学习礼仪，把中华文明传承下去。只有将本民族文化深深扎根于心中，才能逐渐萌发出对自己国家民族文化的热爱，才能作为一个深爱祖国的人去看待国际的文化交流。

在培养学生国际视野理念的引领下，学校通过文化浸润课程为学生提供了不同文化的横纵向比较，使他们在比较中更加认同并珍惜中国的传统文化，养成尊重理解不同文化传统的基本态度，对世界各国的相互关联和相互依存有了更深刻的了解。

2. 沉淀人文底蕴，塑造学生的儒雅品格

晨阳学校的育人目标是把学生培养成"健康、正直、文雅、乐观"的人，在学科教学中渗透国际理解教育，引导学生感受古今中外人类优秀的智慧成果，让学生拥有理解、包容不同文化、习俗的胸怀和品质。通过各种渠道让学生形成高尚人格，培养具有人文底蕴和儒雅品格的晨阳学子。

学校通过课程设置、文化熏染和对外交流实践，使学生了解本土文化和他国文化都是世界文化的一部分，都在推动着世界文明的发展与进步。只有遵循"和而不同，多元一体"的理念和具备宽阔的胸怀、视野，才能在多元文化交往中谨守包容、接纳的心态，善于理解不同的文化传统和风俗习惯，具有"共存"的观念。

3. 注重过程体验，培养学生的责任担当

学校开展的各种活动，多层次、多角度、多方位地锻炼了学生收集、处理信息的能力，培养学生用历史的、发展的、全球的眼光看问题，加强过程体验，提升学生交流、沟通、合作的技巧。

例如，参加了2016年暑假韩国游学交流后，孩子们感触很多，他们觉得韩国虽然不大，但是还是有一些值得我们学习的地方。比如，人们都非常有

礼貌，见面会微笑地打招呼；路上的车辆非常遵守交通规则，因此出现堵车的情况很少；有行人过马路时，车主会主动停下来，示意让行人先过。

此外，学生们在参与韩国游学之前，只是办护照这件事就让他们亲身体会了离开父母独自奔走办事的困难，了解到办护照的复杂和做事情需要的严谨性及时间安排的重要性。相信在此之后，学生们都能将事情赶在前面做，再不会推到最后手忙脚乱耽误正事。游学期间，学生们离开父母，真正意义上开始了独立的生活，从日常起居到洗衣饮食，甚至生病吃药，一切都不再依赖别人。为人处世方面，学生们成长了很多，学会了如何待人接物，学会了如何与不同的人相处。身在异国，学生们更是学会了珍惜，更懂得珍惜朋友的陪伴、妈妈的唠叨、老师的鼓励，甚至路人的微笑，懂得了自己肩负的责任。

打开世界之窗，给孩子国际视野和中国情怀。晨阳学校在实施小班化教育的过程中坚持对国际理解教育的探索，有意识地引导学生开展丰富多彩的国际交流活动，培养具有国际视野的人。

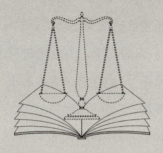

第四章

转变与提升：

教师的成长

　　学校的力量，首先来自教师。

　　小班化教育的根本宗旨是促进每一个学生全面而富有个性地发展，其作为有利于全面实施素质教育的教育形态，成为现代教育的一个新的增长点与探索点。小班化教育对教师素质及其专业发展提出了一些新要求。因此，研究促进教师专业发展的有效途径显得尤为重要。

第一节　小班化教育的配套师资建设

一、小班化教育改革呼唤相应的教师专业发展

随着小班化教育改革的深入，加强教师专业发展已成为必然。大班教育向小班化教育的转变，对教师的综合素质提出了新的要求。小班化教育中，教育的目的从"类学习"转移到学生的"个性化学习"。在这一价值追求下，教师的功能、角色与地位都需要得到新的诠释与定位，新的功能与角色必然要求教师具有新的素质结构，而新的素质结构的形成必然有赖于与之相适应的新的教师专业发展。

二、小班化教育中教师专业发展的特点

与大班教育相比，实施小班化教育有许多优势，它可以增加教师对每个学生的教学时间，增加教室空间，减少课堂纪律问题，提高师生和生生以及教师与家长互动的频率等。小班化教育的这些特点是小班化教育背景下的教师专业发展应该关注的重点。实践中，小班化教育背景下的教师专业发展应该强调教师如何利用增加的空间与时间去关照学生个别差异，实现个别化、个性化教学，探索如何相应地改进评价策略与方法，以促进学生个性发展。

小班化教育对教师的教育思想观念、教学设计能力、教学组织方式、交往沟通手段、评价反馈策略等提出了更高的要求，呼唤实施小班化教育班级的教师形成与之相适应的职业素养。小班化教育中的教师专业发展是一项复杂的系统工程，涉及的层面与因素众多，需要来自各方的支持，其中制度保障是关键。而校本研修是引导教师与小班化教育相适应的路径之一，专家引领、同伴互助、自我反思和行动研究是其中的重要策略。

三、适应东营小班化教育的教师专业发展实践

2013 年 5 月出台的《全市中小学小班化教育实施方案》提出要构建小班化教育教师专业发展体系。以教师跨学科的培训学习为重点，以转变教育观念、提升学科专业性和提高课程资源整合能力为着力点，建设一支教育观念、教学技能、管理能力均能适应小班化教育改革需要的教师队伍。

2014 年 6 月，东营市机构编制委员会办公室、市教育局等部门在《关于加快推进全市小班化教育工作的意见》中指出，要加快推进小班化教育工作应解决师资问题，可从以下两方面着手。一是要加强小班化教育师资保障。实行县域内教师统一交流调配机制，优化教师资源配置，提高教师编制使用效益。提高学校管理水平，建立教师激励机制，增强教师队伍活力。加强教师"转学科"培训，解决教师结构性缺编问题。探索以政府向社会力量购买服务的方式，建立更加灵活的教师补充机制。二是加强小班化教育师资培训。加强城乡教师交流，着重改善和优化农村学校的师资结构和教学水平。加强小班化教育培训力度，不断提高教师小班化教育理论素养和实践能力。市县财政共同出资，重点建设一批小班化教育研究实践基地，以承担区域内小班化教育科研和培训任务。加强小班化教育优秀人才引进，组建小班化教育专家顾问团队，大力培育本土小班化教育骨干。

2014 年 10 月，东营市教育局在《加快推进小班化教育内涵发展的指导意见》（以下简称《意见》）中提出，培养骨干师资。把小班化教育骨干师资培训纳入全市教师梯队培养计划，促进小班化教育骨干教师可持续发展。在全市优质课、教学能手评选名额分配中适当向小班化教育试点学校倾斜，为骨干教师专业成长创造更多机会。重点选拔一批具有小班化教育改革激情和发展潜质的中青年教师，进行重点培养，打造"校、县（区、中心）、市"三级小班化教育骨干教师群。《意见》还要求促进教育交流。要加强域内学校合作，支持有共同教育理念和愿景的学校建立各种形式的小班化教育学校

联盟，促进资源共享，实现共同发展。发挥校办教育骨干校和骨干教师的作用，鼓励有条件的县区、学校面向全市举办或承办小班化教育报告会、研讨会和经验交流会。有针对性地组织开展小班化教育案例征集、教科研成果评选等活动，提高小班化教育科研水平。

第二节 培养有智慧的教师

〔案例一〕　　　**名师引领　组团发展**

东营市实验小学以"魏瑞霞名师工作室"为平台，以课题研究和课例研究为具体措施，引领教师在小班化教育环境下的日常教育教学中开展实践研究，关注学生个性发展，帮助教师提高教育教学素养，引领课堂走向生本高效。

一、以点带面，精细研究求发展，互助学习促提升

2014 年 4 月，东营市实验小学被确定为全市第二批小班化教育试点学校，小班化教育理念和形式在学校生根发芽。小班化教育的核心价值观是以人为本、以生为本，其关键有三：一是提高教师专业素质；二是构建高效课堂；三是创设适宜的文化环境。

魏瑞霞名师工作室自成立以来，就坚持以打造充满活力的研究型教师团队、研发系列的教育科研成果和探索工作室可持续发展的运行机制为基本目标，确立了明确的工作思路，并将重心放在提高教师的专业发展之上。良好的运行机制和研发能力，让魏瑞霞名师工作室于 2014 年入选东营市首批名师工作室，并为学校小班化教育改革提供了有力的保障。

1. 以课题研究为切入点，打造研究型教师团队

小班化教育的实施对教师的专业素养提出了更高的要求。魏瑞霞名师工作室借助学校小班化教育试点的契机，秉承"培养学生，成就教师"的理

念，提出了以课题研究促进教师专业成长的策略。

课题研究是促进教师专业成长的重要途径，也是名师成长的必经之路。每个学期初，工作室都会召开课题研究会，结合本学期各年段的教学重点，根据团队成员的专业发展需求和方向，提出本学期的课题研究主方向，并且做到不同学段研究不同课题。近几年，围绕小学数学教学研究中的两大热点问题——"问题解决"和"数学建模"，工作室成员先后开展了"小学数学'问题解决'教学的实践研究"等20多项国家级、省级和市级研究课题，并取得了丰硕的研究成果。课题带动战略的实施，学校依托工作室，以课堂为阵地，以提升为目的，全力打造了一支研究型教师团队。

2. 以课例研究为抓手，提升教师个人能力

课例研究不仅为课题研究提供实践依据，而且也是课题研究成果体现的有效方式。在小班化教育环境下，为了更有效凸显每一个教师的长处，提升每一个教师的综合能力，工作室把课题研究和课例研究有机融合在一起，根据每个教师的特点，帮助其打磨适合自己的课型，重视成果提升提炼。具体从以下四点着手：一是根据每位教师特点，帮助其打磨成形课例，邀请省、市级小学数学教学专家现场听课指导，课后根据专家意见再次修改课例；二是修改后的课例录制成视频资料，参加各级各类赛课；三是提炼形成"模型思想"指导下的"建模案例""建模模式""建模策略"等系列实践性研究成果；四是组织和指导教师将上述实践性研究成果向有关刊物投稿，争取发表。经过努力，老师们都能找到适合自己的研究课例，形成自己的教学风格，并有具体的成果体现，真正做到以课例研究促个人能力发展。

3. 以互助学习拓宽发展空间，带动他校教师共同成长

全市小班化教育战略的推进，让魏瑞霞名师工作室也得到了较好的发展。为发挥示范带动作用，工作室积极创设工作室分站，开展教科研联谊活动，带动更多教师一起成长。具体做法如下。首先，创新管理机制，工作室按照团队骨干所属学校，下设春晖、同和和盐窝三个工作室分站。根据三个分站

的不同特点，定期和三个分站开展课堂教学联谊活动，带动和指导工作室分站的教科研工作，助推青年教师互帮互助，共同成长。其次，面向乡村学校，多次开展帮扶送教活动，这类活动既为团队成员提供了宽广的锻炼舞台，又加强了对乡村学校的指导和帮扶。

图 4-2-1　魏瑞霞名师工作室成员走进录播室，

录制远程研修视频

二、点面结合，精准研讨谋实效，科教一体共成长

1. 依托工作室，丰富教师文化知识，转变教师教学理念

工作室制定并执行长期、有效的理论学习制度，以期不断提高教师教育理念。理论学习是教师专业化发展的重要途径。工作室的理论学习重点围绕"教育专著""教育期刊""名师课堂"三方面展开。一是研读教育专著。教育教学专著的学习和研读是每位工作室成员的必修课程之一。研读的专著主

要有《数学化的视界——小学"数与代数"的教与学》《小学数学与数学思想方法》《小学数学建模研究》《小学数学教学基本概念解读》等，借此不断提高团队老师的学科专业素养和教育教学理论水平。二是精读期刊文章。多年来，工作室的每位成员一直自费订阅《小学数学教师》和《小学数学教育》。采用专题学习的方式，围绕一个研究主题或方向集中摘抄或收集系列学习资料。三是品味名师课堂。课堂是老师的主阵地，锤炼并形成特色课堂应成为每一位工作室成员的目标和追求。工作室围绕"吴正宪团队"的精品课堂录像及系列编著反复地进行学习。走近名师，领悟他们的教学思想、教学艺术和教学风格，了解他们的专业成长历程，提高自己的授课水平，提炼自己的教学特色，科学规划自己的专业成长之路。

2. 以课堂为阵地，提高教师授课水平，提炼教学风格

工作室一直坚持以课题研究为依托，以"工作室活动日""专题课例研讨"等为载体，有计划地开展专题磨课及专题课例研讨活动。一分耕耘，一分收获。团队老师的辛勤付出，换来丰厚的课堂教学成果。魏瑞霞等 6 人在全国中青年优质课大赛获一等奖；徐冰、徐宁等 8 人在全省优质课或优课比赛中获奖；徐宁等 5 人获市优课一等奖；王静雅、徐冰在"东营市小学数学学科德育优质课评选活动"中获一等奖；王静雅、郝高玲、李安秀、刘爱红、盖维丹、徐凯婷等 13 人分别在省、市、县教学研讨活动上执教公开示范课 18 节次。

3. 以科研促教研，实现教师专业成长和团队的协同发展

自 2010 年至今，工作室成员魏瑞霞、刘晓萍、李小玉 3 人连续 6 年被山东省教育厅聘为"山东省中小学新课程远程研修"课程指导专家，指导全省小学数学教师的远程研修培训。工作室研发的"如何构建应用问题的数学模型"等四项培训资源，通过网络视频向全省小学数学教师进行培训。2013 年 12 月，魏瑞霞被全国中小学教师继续教育网聘为"国培计划 2013"骨干教师高端研修工作坊的指导专家和"好客山东工作坊"坊主。其研发

的《"我是坊主成长营"培训模式建构》被录制为视频资源，通过全国中小学教师继续教育网分享给参与培训的中小学教师。2012年10月，工作室和上海《小学数学教师》编辑部合作，邀请全国的小学数学名师，围绕"问题解决"和"模型构建"两项数学问题开展研究，定期开展辩课进校园活动，研究成果在全国范围内宣传推广。团队成员在专家引领、同伴互助和个体反思中，提升了自己的教学与教研能力，实现了自身的专业成长和团队的协同发展。

图4-2-2　"魏瑞霞劳模创新工作室"授牌仪式现场

三、基于核心素养培育的解析

1. 基于培养学生"科学精神"的教师专业发展

善之本在教，教之本在师。为了进一步培养学生的理性思维和勇于探究的科学精神，魏瑞霞名师工作室采取了课题研究和课例研究相结合的方式，努力培养一支具有研究精神、勇于探索、具有适应小班化教育的专业素养的教师队伍。

课例研究是教师专业成长的必经之路，也是进行课题研究的最基础工作。工作室的每个成员都积极参与课例打磨，在磨课过程中，老师们及时发现问题，积极进行深入研讨、交流，不断更新思路，力求课堂成为学生不断提出问题、解决问题的地方。在课堂上，教师能够针对不同的学习内容，选择模仿、体验等丰富多样的教学方式，培养学生批判质疑、勇于探究的品质。

魏瑞霞名师工作室将"工作室研修"与"校本教研"有机整合，将课题研究与课例研究有机融合，每学年开展"模型构建专题研讨"达20场次，每场次的活动时间为1天，由3~4位老师进行同课异构，工作室成员给予指导和点评。课例成形后，再邀请省、市数学专家现场进行指导。同时，学校鼓励人人做专题课例研究课，骨干教师每学期执教专题课例研究课不少于两节次，工作室团队成员课题参研率100%。老师们在研究中学习，在研究中反思，在研究中互助，在研究中成长，教研水平、科研意识和科研能力等均得到发展和提高，为培养学生"科学精神"打下坚实的基础。

2. 基于培养学生"学会学习"的教师专业成长

小班化教育的核心在于实现以人为本，要求教师尊重学生个性差异、用心关注每个学生的成长，真正帮助学生"学会学习"。学校以魏瑞霞名师工作室为平台，多措并举，不断促进教师提高自身的学科核心素养并使其渗透于日常的教学过程，潜移默化地培养学生的学科核心素养。

美国心理学家波斯纳指出教师成长的公式：经验+反思=成长。名师工作室基于小班化教育背景，以实现"知识学习自主化、学生课堂主体化、作业形式多样化、教学评价多元化"的"四化"为课堂教学目标，通过研究课程结构和特点，研习新的教学模式，运用导学案、多媒体、思维导图、微课程等教学工具，反思课程教学，形成了一套适合小学数学学科的研究路径：创设情境、呈现目标—自主学习、结构预习—合作探究、展示交流—共性问题、规范指导—提升意义、体验成功。教师充分研透教材，从学生角度把握教学实效，从以教师讲授为中心转变为以学生学习为中心，让学生成为学习的主体；从以课堂教学为中心转变为课堂教学和学生课内外自主学习相结合，让自主学习变成教学活动的基石和培养学生自主探索能力的桥梁；从以知识传递为中心转变为知识传授和能力培养相结合，进而培养学生的学科素养。

教育不能仅凭经验，经验必须提升才能指导实践，这种提升就是反思。工作室成员围绕一个研究主题集中收集系列资料后，会认真反思在教案编写、教学环节设计、语言运用、板书设计、资源开发、媒体运用、应变技巧、方法策略等方面存在的不足。在名师专家指导下，工作室采取"校本教研""多校联谊""帮扶送教"等形式，定期进行教学经验交流、教学设计文本研讨、课堂实录教学观察等活动，及时总结分析，实现教师与学生的同步成长。

3. 基于培养学生"实践创新"的教师专业提升

小班化教育背景下的小学数学教学目标是给每个学生提供适合发展的条件，培养学生善于发现、提出并积极解决生活中的数学问题的能力，故而，"问题解决"是小学数学的重要核心素养之一。

近年来，魏瑞霞名师工作室紧紧围绕"小学数学'问题解决'模型构建的实践研究"这一课题进行深入探讨，以"问题解决"作为教育教学的中心，从学生已有的生活经验出发，让学生亲身经历将实际问题抽象成数学模型并进行解释与应用的过程，帮助学生学会"数学的思维"。"问题解决"的过程即"数学建模"的过程，在"问题解决"模型构建的过程中，学生初步学会从数学的角度发现问题—提出问题—分析问题—建立模型，并能综合运用所学的知识和方法解决问题，培养和发展学生的数学应用意识；在"问题解决"模型构建的过程中，学生亲身经历问题解决的全过程，探索问题解决的途径与方法，获得问题解决的基本策略，感受问题解决策略的多样性，积累问题解决的活动经验，并在此基础上形成自己解决问题的某些策略，培养了学生的创新精神和实践能力，全面提升了其解决问题的能力。

在"问题解决"研究的教学过程中，教师从学生生活和社会生活中选择学生感兴趣的问题，创设情境，启迪学生的思维，激发学生的探究欲望。在具体教学时，教师为学生创设参与数学学习的条件和机会，向学生提供现实的、有意义的和富有挑战性的学习内容，激发他们主动探索的兴趣和欲望，促进学生自主发展。

几年来，东营市实验小学魏瑞霞名师工作室以"问题解决"和"数学建模"研究为载体，形成了基于学生核心素养的数学专业思想，拓展夯实了教师基于学生核心素养的专业知识，从量变到质变，提升了教师的数学专业素养。

〔案例二〕　　**变革研训方式　实现教师华丽蜕变**

广饶县同和小学为了达到"面向每一个，激励每一个，发展每一个"的小班化教育目标，强化了每周的学科教师研训，引进了"嵌入日常教学的卓越教师专业发展项目"，研训内容由"供给式"转向"需求式"，研训方式由粗放化、碎片化转向精准化、系统化。

一、提高教师研训效率，促进教师专业发展

1. 问题导向，"一对一"

2015年8月，学校凭借"嵌入日常教学的卓越教师专业发展项目"研修平台，以课堂教学视频为主要评价内容，由上海学科专家、单位同行、学生、学生家长组成评估团队，对每位教师的教学情况给出意见。上海学科专家还对每位教师进行了零距离、一对一的培训。参训教师参考评估团队的意见，制定个人专业发展规划，并依据个人专业发展规划改进课堂教学，且继续通过研修平台接受上海学科专家的一对一培训。一段时间后，这些专家再次到学校进行面对面听课、点评。如此循环，每位参训教师在解决教学问题的过

程中逐渐发现了个人教学特长，而这种教学特长还会逐渐发展为教学特色、教学风格。

图 4-2-3 专家"一对一"培训

2. 主题聚焦，"刻意练习"

就教师的教学情况，学校根据评估团队给出的初始评估意见，汇总共性问题，给出解决方案。学校立足教师专业发展实际，从人格倾向、专业准备、教学行为三个维度设计了 18 个主题，三个维度分主题同步推进，以解决教师专业发展中遇到的问题。

在人格倾向维度，上海心理专家蒋微美老师和袁胜芳老师分别进行了关于"积极关注"和"学生激励"的主题报告，并与参训教师进行了现场互动交流；聊城大学教育科学学院于源溟教授上了"教师生命力训练"的体验课。通过这些培训来指导教师从人格倾向维度积极关注学生，同时引导教师学会自我调适。

在专业准备维度，华东师范大学副教授王小明做了"教师如何写论文"

与"学习策略及其教学"的主题报告。在"教师如何写论文"的专题报告中，王老师从"论文定义""论文写作过程"与"如何规范写论文"三方面进行了深入讲解；在"学习策略及其教学"的专题报告中，王老师以日常教学为依托，分别从适合简单材料的学习策略与适合复杂材料的学习策略入手，教给老师们更实用的教学方法。这类主题报告，使参训教师明晰了下一步教育的方向和目标。

在教学行为维度，2015 年 12 月 5 日，上海市教委教研室姚剑强老师从学科教学流程的角度、上海市闵行区教育学院小学语文教研员景洪春老师从"关注学习经历，提升语言素养"的角度，对每位参训教师上传的课堂视频做了具体的面对面的点评、指导。老师们根据专家的意见，拟定个人课堂研究和改进计划，并再次上传视频，由专家逐节诊断。2016 年 4 月，上海蒋方叶老师与同和小学王磊磊老师同课异构三年级语文课《可贵的沉默》，上海曹文娟老师执教"用字母表示数"，同和小学李安秀老师执教"同分母分数相加减"。同年 11 月，上海浦东教师发展研究院章健文老师来到学校，进行了"一对一"听评课，同时还做了文本解读辅导。同年 12 月，上海市著名特级教师高永娟老师执教示范课《妈妈，我不是最弱小的》，姚剑强老师第三次对参训教师进行"一对一"培训。2017 年 3 月 16 日，姚剑强老师结合学校两位数学教师的现场课例，做了"小学数学教材基础解读与分析"报告。

每个研修主题，参训教师都要进行以课堂教学实施为主题的反复的"刻意练习"，这种刻意练习的目的是：让主题聚焦变为主题实践，直至教师能够在教学实践中践行并得到能力的提升。以上多次反复的"刻意练习"使教师的教学行为有效性得到显著提升，这种形式得到了培训专家的肯定。

图 4-2-4 钟启泉等专家到校培训

3. 学习共同体，"抱团成长"

启动"嵌入日常教学的卓越教师专业发展项目"后，教师办公室以学科团队为单位来安排，天天都是团队成员集中碰面日，时时可以进行思想碰撞、对话交流，真正实现了共同体研究的常态化。打造学习共同体，使学校的团队建设与专业标准建构同步推进，相互助力。采用捆绑式学科团队评价，使得班级之间、学科之间、教师之间、学生之间发展不平衡的现象越来越少，取而代之的是越来越多的"各美其美""美美与共"。广饶县教研室的英语教研员李老师不止一次地说："同和小学的英语组活动起来就像一个人一样。"这是县级教研部门对一个学科团队至高的赞誉。同和小学的教师学习共同体不同于一般的教研组、课题组，而是具有鲜明的文化品格，是一个资源共享、情感流通的生命共同体。教师在这个生命共同体中，通过协作与共享，找到职业生活的本真意义。

二、"嵌入式"教师培训使教师教科研成果更加丰硕

1. 教师在教育教学中的思想理念发生了转变

教师改变了传统以教授学科知识为中心的思想，从重视知识传递转为重视知识的建构和学习能力及习惯的培养。教师在小班化教育背景下的教学中多采取情境发现学习、小组合作探究学习等方式，注重学生创新实践能力的培养及思维能力的发展，更加关注学生在学习过程中的发展，逐步走向以学生核心素养为导向的教学。2016年，学校教师积极报名参加"一师一优课一课一名师"评选活动，其中有15人获得县级一等奖，有7人获得市级一等奖。

2. 教师更多关注和尊重学生个性差异，实施因材施教

教师积极关注每一个孩子的成长，尊重学生的个性差异，在教学过程中能够根据每个学生的实际情况，采用适合的教学方式，分层设置合理的学习目标，教学效果提升明显。这种因材施教尤其表现在对学生个性化作业的设计方面，教师分层布置实践性作业和研究性作业。在此基础上，学校又推行了教师主导布置作业与学生自主选择作业相结合的模式，个别学科教师尝试推行了部分学生作业全自主。在这种良好氛围熏陶下，学生的创造性被激发了，他们写的小说《于小曼奇遇记》和将自己生活中的趣事画成的连载漫画《爆笑小凡》等不少自主作业已在期刊发表。

3. 教师学科团队建设取得长足发展

以学科为单位的教师团队有很强的凝聚力，在规范完成学科活动、分享学科教师智慧、促进学科骨干聚力成长、聚焦攻关学科问题等方面都形成了成熟的运转机制。尤其是捆绑式学科团队评价机制的实施，让每一个取得成绩的教师背后都站着一个成熟的学科团队。例如，学校年轻的音乐教师李曼在2016年山东省小学音乐学科优质课展评活动中获得一等奖，这个成绩的取得就离不开整个音乐学科团队的共同努力。

三、基于核心素养培育的解析

1.研训方式的变革，实现教师的教育理念由"知识本位""学科本位"向"培育学生核心素养"转变

学生核心素养的提出，目的就是要打破"知识本位""学科本位"的樊篱，让学生"复得返自然"，以促进学生素养和能力的提升。而教师作为教学的引领者，对此起着关键作用。教师的教学方式影响着学生的学习兴趣和态度，影响着其思维力、创造力的发展。因此，教师要在培养学生核心素养理念的引领下，本着为了每一个孩子的发展的目的，不断优化改进自己的教学方式，努力成长为卓越的教师，才能担当起提升学生素养和促进学生全面发展的重任。聚焦教师教学实践改进的嵌入式培训，让教师研训从粗放式、碎片式、整体性的方式转变为有具体目标规划的、针对性强的、与日常教学融合在一起的个性化培训，以寻求教师专业发展的新的突破口，寻求教师走向卓越的科学通道，真正实现教育转型。

教师只有在职业自觉的引领下，把专业标准转化为教育实践，才是真正行走在推进优质教育的路上。因此，教师发展必须基于课堂，立足课堂和日常教学，才能从根本上解决教师研训与学生发展不协调的问题。课堂是教师教育教学、学生学习发展的主阵地。教师变，课堂才能变；课堂变，学生才能变；学生变，学校才能变。

2.研训方式的变革，让发展教师核心专业素养具体可操作

2012年教育部下发了《小学教师专业标准（试行）》（以下简称《专业标准》），《专业标准》的基本内容包括13项60条。如何把《专业标准》解构到具体的教师专业发展上来，是学校教师专业化发展的迫切需求。曾有的一些培训的指向多是模糊的和粗放的，而教师专业发展需要有针对性的培训。嵌入式研训在梳理《专业标准》要求的基础上，将学科教师的核心专业素养规整为三个维度18个主题，以质量研修平台为载体，以专家团队整体设计为基本蓝本，以学校教师培训启动时的专业诊断为起点，以专家主题报告、名师课堂示例为引领，以参训教师日常课堂视频为凭借，通过主题文件包研写的方式逐个突破，梯度推进。

嵌入式研训项目的目标是利用两年的时间，把普通水平的教师培养成能够根据学生发展水平进行教学的卓越教师。通过同和小学的实践来看，嵌入式培训流程分了八个阶段。第一阶段，评定教师初始质量。通过"嵌入日常教学的教师质量提升系统"，在学生感知评估、同行分析评估、学科专家评估的基础上，建立起教师质量初始水平指数，为确定教师专业发展弱项提供科学依据。第二阶段，组建"高相似度"专业发展研究小组。根据每位教师专业发展现状，把初始质量结构相似的教师组建成一个"教师专业发展共同体（研究小组）"，以便在后续专业发展实践中共同聚焦专业弱项，为提升专业发展研究的针对性与有效性提供组织基础。第三阶段，制定教师个人专业发展规划。根据教师质量初始水平指数，针对初始质量专业弱项，指导教师制定两年期的卓越化专业发展规划。第四阶段，引导教师系统学习新领域研究成果。根据教师质量三维评估模型，通过对教师质量的"人格倾向""专业准备""教学行为"三个维度18个主题的现状改进、提升和优化，最终培养满足当今时代和未来社会需要的卓越教师。第五阶段，参与"高相似度"专业发展共同体活动。根据每位教师专业发展主题重点，配备相应专家指导专业发展小组研究活动，每学期每小组至少活动5次。专业共同体分为同一学校组建的"实践共同体"和异地组建的"在线共同体"两种。第六阶段，指导教师进行嵌入日常教学的专业修炼。在专业研究小组示范下，利用学生反馈数据、同行观点和专家建议，结合自己的专业发展规划，凭借"嵌入日常教学的教师质量提升系统"，开展深度专业实践修炼与反思。专家根据教师的反思情况进行适当反馈指导。第七阶段，开启教师教学窗口，搭建教师进步台阶。利用"我的教学窗口"进行常态课堂实录展示，通过展示获得同行指导，赋予教师专业发展的社会性，为教师成长过程增添更多的生命意义。第八个阶段，给教师教学质量提供阶段性评估。教师的发展也需要借助反馈来促进，通过提供阶段性评估环节，让教师看到自己的努力成果，激励他们进入高一层次的专业发展阶段。

3. 学习共同体建设，使教师智慧聚焦与分享成为可能

在学习共同体中，教师的学习或专业发展已不再是个人的、阶段性的行为，而是组织化的、社会化的过程。学习共同体的存在，对教师专业发展具有重大影响。教师通过同僚协作获得实践性知识和技能，这正是学校嵌入式专业发展研究小组的特征之一。专业发展研究小组是学习共同体的进一步细分，小组成员基本属于同一级部，在同一办公室，"研究"随时可以发生，并且"互联网+"的环境为交流的发生提供了更便捷的通道。

同和小学通过专家与教师结对、组建师徒学习共同体、实施研训方式的变革等措施，使教师实现个性化成长，也为促进每个学生更具个性的成长提供了前提和保障，达成了"培养什么样的学生，先培养什么样的教师"的目标。这正是实施小班化教育所需要的。

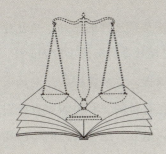

第五章

重组与优化：
课程的校本化

　　课程是教育的载体，肩负着培养学生、发展学生、成就学生的重要使命。学校课程开发是一个国家课程、地方课程校本化和校本课程特色化的过程，是一个三级课程有效整合的过程，是学校整体课程资源优化、课程实施过程优化的过程。

　　为实施小班化教育和培养学生核心素养，学校需要不断加强课程的开发与管理，要选准课程决策的出发点，遵循课程开发与管理的基本原则，创造课程开发与管理的有效条件，开发丰富的学校课程资源，以满足学校特色创建、教师专业发展尤其是学生个性发展的现实需要。

第一节　小班化教育的课程建设

一、关于课程、学校课程及学校课程开发

　　课程是为了实现培养目标而选择的教育内容及其进程的总和，是教育目的的具体表现，是进行教育教学活动的依据和实现教育目标的手段和保证。

　　学校课程包括国家课程、地方课程和校本课程。学校课程的开发是指学校遵循《基础教育课程改革纲要（试行）》，在有目的、有组织、有计划地全面执行国家课程和地方课程的基础上，从实际出发，结合本校的传统和优势、学生的兴趣和需要，开发或选用适合本校的课程。其包含了两个方面的内涵：一是国家课程和地方课程在学校的校本化实施；二是学校本位课程（即校本课程）的开发。

二、指向学生核心素养的课程校本化

　　新课程改革进一步完善了我国的课程体制，实行国家、地方和学校三级课程管理。课程权力的下放，为学校的课程决策提供了广阔的空间，学校成为课程实施成败的关键所在。课程权力下放的同时，课程责任下移，学校不再仅仅是忠实地执行国家课程和地方课程，而是需要以课程政策、地方状况和学校传统为基础，将国家课程和地方课程校本化，并开发自己的校本课程。因此，学校课程并不是国家课程、地方课程和校本课程的简单相加，而是这三者在学校的一种重新整合，这种重整需要靠学校的课程规划来完成。

　　国家课程和地方课程校本化，即学校和教师通过选择、改编、整合、补充、拓展等方式，对国家课程和地方课程进行再加工、再创造，使之更符合学生和学校的特点和需要。即在坚持国家课程改革纲要基本精神的前提下，

学校根据自身性质、特点和条件，将国家层面上规划和设计的面向全国学生的书面计划的学习经验转化为适合本校学生学习需求的经验，包括学校本位的课程整合、教材的校本化处理、教学方法的综合运用和个性化加工及差异性的学习评价等。

《中国学生发展核心素养》提出发展学生核心素养要以培养"全面发展的人"为核心，从文化基础、自主发展、社会参与三个方面，培养学生六大核心素养。核心素养是衡量"全面育人"和"立德树人"的具体指标。多维度的核心素养必须有多样化的课程载体。课程校本化是学校基于校情、教师教情以及学生学情对国家课程和地方课程所做的教育教学转化、消化，更强调其适用性和特殊性，其本质是国家课程或地方课程的重构。在新的课程理念和培养学生核心素养的视野下，教师既是课程方案的开发者，也是课程方案的执行者。课程校本化是个动态过程，主要体现在课程设计、开发、实施和评价上，通过师生日常的、长期的教育教学实践来实现，是极具创生性的过程。

三、由学校课程执行走向学校课程自主

推进小班化教育背景下的学校课程开发，应以学生核心素养的培育为主要目标，以学生自主学习为基本着力点，从学生的实际出发，尊重并关照学生差异，力求让每一个学生的个性得到张扬，让每一个学生都能在自主学习中获得和谐发展。要以校本课程资源整合为突破点，最大化地利用校内外资源，优化学校课程内容，丰富学生课程选择。要以转变教师角色定位为重心，充分发挥教师在课程开发、课程建设中的主动性和创造性。

1. 明确学校课程的目标

国家课程标准就课程的性质、基本理念、设计思路、总目标、学段目标、课程内容等都做了精要的概述。但从理念到行动、从学段目标到课时目标还有很长的路要走。学校要始终关注国家课程标准、地方课程标准，组织全员

进行专业学习和深度研读，并校本化地消化、吸收，努力构建更明确、具体的学校课程目标系统。要在关注各学科学段目标、学年目标和学期目标基础上，对各学科每学期的课程目标进行细化，根据学生的认知规律和个性特点，制订学习目标，以形成系统、明确，具有科学性、可操作性的学校课程目标体系。

2. 优化学校课程的内容

国家课程和地方课程的校本化是指学校对课程资源做合理取舍和适度开发。学校要充分尊重教师的创造性，采用民主的方式开展校本教研活动，将教师作为开发和实施校本课程的最重要的资源，还要不断提高教师的课程理解力，鼓励教师对课程资源进行大胆整合，使学校师生实现共同发展。

3. 培养开发和实施学校课程的师资队伍

课程开发的主体是教师。要实现课程改革目标，关键是调动教师参与课程开发的积极性，使其积极参与课程决策、校本课程开发和课程行动研究，提高课程开发能力。学校依托学科教研与课程研发，带领教师形成自觉成长的专业发展团队，让教师在开发和实施课程的过程中既是参与者，又是学习者，促进教师专业成长。要采取行之有效的培训形式，促进教师课程研发能力等方面的发展，使教师由经验型教师向科研型教师、学者型教师转变，以适应学校课程开发与实施的需要。

4. 持续加大学校课程建设的投入

充足的经费投入和良好的教育设施是落实学校课程的重要条件。确保国家课程、地方课程、学校课程的全面实施，必须有一定硬件条件的支撑，特别要加大课程开发经费的投入，切实解决学校在课程开发与实施过程中经费不足的问题，保质保量完成课程改革的各项任务。另外，学校在课程开发与管理过程中，还应充分利用现代教育技术所能提供的可能性，考虑学校课程所提出的要求，有选择地引入现代教学手段，以解决课时少与教学内容相对较多的矛盾，实现"优质高效"的素质教育课堂教学目标。

5. 开展关于学校课程的科学研究

认真搞好教育研究是规划、开发和落实学校课程的保证。要坚持"科研兴校、科研兴教"理念，专设机构，加强与高校、教科研机构等的联系，定期接受指导，不断研究教学新动向和教学新方法，同时安排各类培训、讲座、参观交流等活动，提高教师的科研意识和能力。要以学科教研为主，以课程改革为基础，鼓励教师进行行动研究。研究内容涉及课程开发、实施、评价以及课程内容的组织、教学方案的设计、教与学的方法等诸多方面。

6. 探索学校课程的评价方法

建立适应小班化教育的评价机制是校本课程开发与管理的重要内容，其关键在于用素质教育课程观来指导评价，尽可能全面真实地反映学校课程的全貌。要突出评价的诊断作用，加强过程性评价，坚持评价主体的多元性，以评价带动教师多角度、全方面关注学生的发展。还应定期对学校课程开发、实施情况进行分析评估，以便及时调整课程内容和实施方式，形成学校课程不断革新的机制。

第二节 构建有特色的课程

〔案例一〕 **让每一个孩子都爱上科学**

东凯小学努力构建培养学生科学素养的课程体系，对国家课程数学、科学、信息技术进行优化整合，希望能够最大限度地开发学生的潜能，使每个学生得到充分发展，让每一个孩子都爱上科学。

一、学校建设尽显"科学"理念

东凯小学位于东营经济技术开发区，园区内有着众多的高新技术企业，科学技术资源丰富。2013 年学校成为东营市第一批小班化教育试点学校，"为每一个孩子提供成长的机会"成为学校新的办学理念。

1. 成立少年科学院

学校在推进课程改革过程中，把积极开展青少年科技活动，全面提高学生的整体素质，努力创建科技教育特色作为重要工作。为更好地组织、指导学生参加科学实践活动，培养他们的科学探究精神，2014 年 10 月，东凯小学成立了少年科学院。

少年科学院是小学生进行科学实践，开展科学研究的阵地。学校希望通过少年科学院这一机构培养学生对科学的兴趣和求知欲，引导他们学习与周围世界有关的科学知识，帮助他们了解科学技术与社会的关系，为促进学生全面发展打下基础。

随着小班化教育的深入实施，东凯小学少年科学院的科学教育面向了全校每一个学生，学校提出了"把分院建在中队上，人人都是小小研究员"的办院理念，在全校共设立了36个分院。

2. 构建三大课程体系

学校在少年科学院建设过程中，建构了多样化的科学课程，以满足不同学生的需求，促进学生整体素质的提升。学校将课程目标定位为：帮助学生初步了解与其认知水平相适应的基本科学知识和科学方法；培养学生初步的科学探究能力、思维能力、创新能力、运用科学知识解决实际问题的能力；使学生初步形成实事求是的科学态度，产生探究科学的好奇心；使学生具有求真务实、独立思考、善于合作、敢于竞争以及求美求善的科学精神。基于对课程目标和少年科学院功能的分析和定位，学校整体规划了三大类科学素养课程（见表5-2-1）。

表 5-2-1　科学素养课程

名称	类别	整合方式	整合内容	
科学素养课程	基础类	学科内整合	学科知识	数学知识
				科普知识
			实践探究	数学实践
				科学实验
		学科间整合	数学、科学整合	
			数学、信息技术整合	
	拓展类	思维训练	智趣数学	
			七巧板	
	研究类	小课题研究	依据不同年级选择不同的研究主题	

3. 实施智趣课堂

科学素养课程涉及数学、科学、信息技术等内容，其落脚点在于全面提高学生的科学素养。为保障科学素养课程的有效实施，学校首先认真分析了学情，并采取了相应的教学策略，努力促进学生科学素养的整体提高。其次，学校鼓励教师根据自身的教学特点，紧扣现实生活，开展以学生为主体，以实践性、自主性、趣味性、创新性为主要特征的教学活动，让培养学生科学素养的课充满生命活力。这样的课堂我们称为智趣课堂。

图 5-2-1　学校开设的"搭搭乐乐"STEM 课程

智趣课堂包括两层含义：第一层是教师将教学情境童趣化、教学活动游戏化，使学生感受科学的趣味性，让学生在学习的过程中拥有乐趣，生成智慧；第二层是教师巧妙地设计和实施课堂教学，有效促进学生思维发展，帮助学生形成科学的思维方式。打造智趣课堂所采取的措施主要有以下两个方面。

一是建设教师特色项目，提升教师的学科素养。学校深刻认识到教师的学科素养对教学价值提升的重要影响。如果教师不能理解学科知识的本原意义和内在的思想方法，那么，课程重组和课堂生成资源的利用都可能存在问题。为此，学校以教师的兴趣爱好、特长，譬如数学故事、数学历史、数学游戏、科学实验等作为特色项目，并以此为抓手，在长期的、经常性的实践中提升教师的学科素养。

二是改变课堂教学结构，突出以学生为主体的"思、学、用"，帮助学生初步形成科学的思维方式。教师如果让学生对所学内容进行个性化的探索，使其经历再创造的过程，就能帮助学生建立良好的认知结构和科学的思维方式。

智趣课堂的基本环节如下。

预思，引导学生预学并思考、质疑。设计这一环节的目的是寻找学习的起点，让学生带着课前预思中的问题走进课堂，使学习有目标。

促学，在学习过程中，师生之间、生生之间共同质疑，互相促进，合作解决问题。

活用，鼓励学生应用所学知识解决实际问题，这是教与学的增长点，更是检测学习效果的方法。

这种"思、学、用"的学习方式，能使教师一改"自编、自导、自演"的教学方式，让出课堂的舞台，使每一个学生都是"思、学、用"的主体。正是因为实施小班化教育，才使"强调每一个""关切每一个"的课程追求，更具操作性和可能性。

4. 开展校园科技节活动

每年一届的校园科技节是学校的特色活动，学校要求每一个学生参与其中。少年科学院组织师生设计丰富多彩的科技活动，让学生能在生活中真正地"用"科学，这也是检验学生的科学素养和实践能力的好方法。

每一届校园科技节活动长达一个月的时间，学生们会一起享用科技带来的大餐。出一期以科技为主题的黑板报、画一幅科学幻想画、讲一个科学家的小故事、搞一次创意设计、设计一项科技小发明、看一部与科技相关的影视、听一次科普讲座、制作一个得意的小手工、做一个科学小实验、参观一次科技展览会等，这些丰富多彩的活动都会带给孩子们无穷的乐趣。

二、小班化教育结出"科学"硕果

1. 学生科学素养得到了发展

在学校少年科学院的统领下，通过智趣课堂实施科学素养课程，学生学习的兴趣得到了激发，自主学习能力、自我管理能力、合作交往能力、质疑批判能力得到较好的培养。课程为孩子打开了探索的"窗子"，让每个学生都能领略到科学的魅力，学生对科技知识和科学活动的兴趣日渐浓厚。科技节上大家各显其能，全员参与，至今已有近百名学生获得"科学小院士"称号。

2. 教师的创新能力和课程整合能力得到提升

教师应把课程的内在魅力展示给学生，用好玩有趣的知识吸引学生，让学生愿意学、喜欢学。基于学生科学素养培养的课程重组，拓宽了教师建构课程的专业视野，改变了教师的思考方式，提升了教师整合教材、重组课程、实施课程的能力。

3. 学校教育资源不断优化

学校实施小班化教育促进了教师教学观念的改变、校园环境的优化、学校办学条件的改善，使学校以全新的面貌展现在人们面前。学校中师生关系、生生关系、家校关系得到了改善。学生自主探究学习的能力和乐学善思的能力得到培养，同学之间的交流方式也变得更多元，甚至很多家长也主动走进学校陪孩子一起"玩"科学。

三、基于核心素养培育的解析

东凯小学为培养学生爱科学、学科学、用科学的良好习惯，成立了少年科学院；构建了以科技小发明、小制作等内容为核心的三大科学素养课程，实施了智趣课堂；每年组织校园科技节，借助小班化教育试点工作的契机，努力让每一个孩子都爱上科学。

1. 关注学生的科学素养

科学素养是一个融科学知识、科学方法、科学态度、科学价值观等多种因素为一体的复合概念，国际上普遍将科学素养划分为三个组成部分，即对待事物的科学态度、理解和掌握科学方法并形成运用科学技术的能力、合理的科学知识基础。

好奇是探究之源，人类的好奇心是与生俱来的。21世纪的少年儿童更是活泼聪明、善于想象的一代。儿童不仅会发问，而且他们还是勇于行动的实践者，喜欢通过直接经验来认识事物。他们有自己分析事物的逻辑，有自己独特的行为方式，更有成人无可比拟的想象力和创造力。

当下，东凯小学全面分析了有利于学校发展和学生成长的资源优势，倡导促进学生全面发展、培养学生智慧的教育，关注的是学生基于提升科学素养的学习。

2. 课程重组和智趣课堂指向了学生的科学素养培育

要实现学生科学素养的提升就需要帮助学生看到事物之间的联系和规律，超越孤立的课程。学校将国家课程数学、科学、信息技术进行跨学科整合，有效打破了这三科课程的学科壁垒，消除了学科之间的硬性界限，将统一的主题、问题、概念、基本学习内容加以融合，使学生获得科学的思维习惯，增加学习的趣味性，促进学生产生有意义的学习。

比如，三年级数学学科要学习关于认识方向的内容，同时在三年级科学课程里也有关于认识方向的内容，数学教师和科学教师需要分别教，学生在两门课上同时学相关内容，且还要占去2~3个课时，费时费力不说，这与促进学生全面发展的现代教育趋势相背离，也与强调"联系"的认识论、强调"整体"的系统论相违背。因此，儿童世界的学习不是非此即彼的简单判断，更不是加减乘除的周而复始，他们需要在整合后的资源学习中完善认知结构，在对话活动中增强能力，在思维碰撞中掌握方法，在整合课程的学习活动中积累经验，进而将这些能力内化为综合素养。

例如，小学科学三年级"跷跷板"一课，要求给学生提供充分的时间和空间，通过对杠杆尺平衡实验的探究，引导学生进行"猜测—验证"，从而获得杠杆平衡的原理。而小学数学四年级的加法交换律和乘法交换律，就可以借助杠杆平衡原理，用平衡思维使学生初步感受加法的交换律和乘法的交换律。在教学过程中，通过引导学生对有特定意义的算式进行猜测、验证、总结、提升，使学生完成对两种运算定律的建构。以上两个学科关于杠杆平衡原理知识点的教学方式一致，都有通过知识的学习，培养学生的猜测、验证能力和理性思考能力，并让学生积累活动经验。所以，实现数学和科学课程中相关知识点的整合是必要而可行的，并且能达到"1+1>2"的效果。

智趣课堂上"思、学、用"的学习方式，实际上指向的是让学生学会学习。以三年级"神奇的不倒翁"为例，教师在课堂上引入不倒翁后，各小组先对不倒翁的外形进行探究，通过动手实验，解开不倒翁不倒的真相。同时，将科学与生活联系起来，让学生寻找生活中哪些事物利用了不倒翁的原理，让学生展开想象的翅膀，发现不倒翁的新用途。对于动手能力强的学生，还可以安排学生利用身边的材料自己动手制作不倒翁，或制作利用了不倒翁原理的小发明。这样的课堂，激发了学生的好奇心和想象力，让学生通过实验，大胆尝试，自己探索出科学的奥秘，并将科学与现实生活有机结合。

3. 小班化教育的实施有助于学生科学素养的培养

因实施小班化教育，学校建设了大量用于科学教育的场所，如学校科技馆、科学实验教室、"搭搭乐乐"STEM 课程主题教室、传统科技玩具展览馆、机器人创意教室等。班额的减少，使每个孩子的平均资源占有量得到提高。实施小班化教育的课堂在特定的范围内实现了教学资源的最合理配置，有助于实现学生学习能力开发的最大化。实施小班化教育的课堂有利于学生在自主探究中学会观察与思考，在思考中体验成功与收获，在成功与收获中不断地发现问题，解决问题，这是培养学生良好科学素养必不可少的环节。

学校需要立足实际，积极整合各类科学教育资源，设置前瞻、高位的课程目标，选择合适的课程内容，形成良性运作的课程实施评价机制，才能探索出培养学生科学素养的新路径，才能真正让每一个孩子都沐浴科学的雨露春风。

〔案例二〕　　　　在"绳舞"中展现生命活力

黄河口中学立足实际，在"智美"课程文化理念的统领下，坚持问题主导、特色突破的内涵发展之路，积极开发、扎实实施阳光跳绳特色校本课程，激活了学校系列改革与创新，引领学校整体办学水平不断提升，探索出偏远落后的农村学校在小班化教育条件下培养学生核心素养的行动路径。

一、绳舞飞扬——开展特色跳绳课程，走内涵发展之路

为落实市、县教育局提出的"一校一特色，校校有品牌"的发展要求，黄河口中学坚持"让每个孩子都动起来"的小班化教育理念。为找准对体育活动课程的定位，学校多次组织教师外出考察学习，并积极收集相关材料，经过反复论证，最终选择以跳绳为主要内容来开发校本课程。因为跳绳易于创新，且可以融合音乐、舞蹈、体操等多种元素，能够抓住学生的兴趣点，满足学生不断增长的文化需求。2013年初，学校正式启动了"阳光体育——跳绳"校本课程开发和实施工作。根据课程开发和实施的需要，学校编撰了"智美课程校本教材系列——跳绳"教材；开足课时，让每一个学生得到充分锻炼；以年级为单位，将走班选课、统一上课相结合，学生每半年可选课一次；每天阳光大课间活动课程化，上午、下午各半小时，学生人人参与；校委会成员、班主任、跳绳技术攻关团队成员全程参与与跳绳相关的各项活动。

图 5-2-2　形式多样的跳绳活动成为学生的最爱

为保障跳绳校本课程的有效实施，学校根据学生的个体差异，设计了不同的发展路径，要求每一名学生达标过关，成绩列入体育教师和班主任考核指标；学校每年定期举办跳绳艺术节，开展一分钟计时赛、跑步跳绳接力赛、花样跳绳比赛等"校园吉尼斯"系列活动，通过比赛选拔优秀者，组建班级、年级、校级花样跳绳队，由他们负责花样技术创新，引领全校跳绳创新发展；每周四下午和每天课外活动时间开展跳绳社团活动。在跳绳特色课程的引领下，学校又相继开发了围棋、象棋、国际象棋、国际跳棋、古筝、二胡、剪纸、书法、草编、黄河鼓等校本课程，学校课程建设日趋成熟。

二、硕果纷呈——学校特色课程后继发展强劲有力

经过跳绳课程的实施，学生的身体素质明显提高，思维力、协调力和想象力得到了不同程度的发展，文化课成绩也有了较大提升。同时，跳绳课程的实施也磨炼了学生的意志，培养了学生勤学苦练、团结协作的精神和热爱

生活的情趣态度，使学生变得更加阳光、更有精气神。在全体师生的共同努力下，学校取得了一系列成绩：2014 年，东营市阳光大课间案例评选第一名；2015 年，"全国校园跳绳大课间视频展示"大赛第二名，被授予"全国跳绳示范学校"称号；2016 年 6 月 24 日，全市学校体育专项化教学改革暨学校阳光体育工作推进现场会在黄河口中学召开，"阳光体育——跳绳"校本课程受到与会人员的高度评价。《中国教育报》《现代教育》《东营教育研究》先后以《乡村校课改：走着走着花就开了》《农村中学"智美课程"的实施》《也让农村中学生拥有精彩人生》为题，深度报道了学校以跳绳锻炼为突破口，大力推进课程改革的做法和经验。

跳绳校本课程的实施，促进了学生良好行为习惯的养成，大大降低了学校管理工作的难度，提高了管理的实效。受此启发，学校删繁就简、化多为少，实施了"4+1+1-1"养成教育工程。经过多年的坚持，养成教育成效开始显现，学生行为习惯已经发生了实实在在的变化，学校被评为"全国养成教育特色学校"。

图 5-2-3　学校在东营市第十届运动会开幕式上表演团体绳操

三、基于核心素养培育的解析

黄河口中学积极推进小班化教育课程建设，以生命健康教育为基点，以集体性体育活动为内容，以人人参与为基本特征，以终身健身为目的，借助跳绳校本课程，精心设计学校的体育活动，深入开展学生阳光体育运动，促进了学校素质教育实施和学生核心素养的培养。

1. 课程的开发与实施有助于促进学生身心健康成长

我国著名教育家蔡元培曾提出，完全人格，首在体育。体育工作关乎每一个孩子的身心健康和一生幸福，更关乎民族的前途与命运。学校跳绳课程的实施，培养了学生的运动能力，有助于学生养成健康文明的行为习惯和生活方式。

①促进了学生的身体健康。经过三年多的跳绳锻炼，学生的身体素质明显得到提高。在备战东营市第十届运动会期间，学生顶着烈日，集中苦练四天，没有一个学生晕倒，而且在以后的大型活动中也再没有出现学生晕倒现象。

②促进了学生的心理健康。跳绳不仅锻炼了学生的意志，培养了学生勤学苦练的精神和热爱生活的情感态度，还缓解了由于紧张学习带来的精神压力，使学生以更好的精神状态投入学习。

③促进了学生的智力发展。科学证明，跳绳时的全身运动及手握绳对拇指穴位的刺激，使大脑不断接收人的机体在运动时产生的信息，大大增强了脑细胞的活力，从而刺激大脑进行积极的思维活动，提高了思维能力，增强了身体协调能力。比如，跳绳时自跳自数，可以提高大脑的思维灵敏度和判断力，有助于体力、智力和应变能力的协调发展；跳绳还可以培养平衡感和节奏感。

④促进了学生体育锻炼习惯的养成。心理学研究表明，在一定条件下，强制性行为是习惯养成的重要因素。为此，学校坚持每天上午、下午各半小时的跳绳活动，雷打不动。

2. 课程的开发与实施有助于学生良好品行的养成

在实施跳绳校本课程的过程中，学校以"绳"为切入点，挖掘"绳"在

"联系、合作、创新"上的内涵，着力打造两大特色。一是以"益智固本、感恩责任"为纽带，构建师生间、家校间"以爱育爱、以智辅智"的情感纽带，打造爱心育人管理特色。二是以"绳"特色课程为纽带，以自主合作学习和"绳之舞"微课程建设抓实智育主体，培养学生的自主、合作、探究精神；以育美厚生、感恩教育校本课程为德育之翼，培养学生孝敬父母、感恩社会、勇于担当的优良品质；以中国结绳编、花样跳绳两大艺体课程，丰实艺体教育之翼，培养学生体育精神和创新意识，实现以绳育德、以绳增智、以绳健体、以绳织美的育人目标。

①跳绳活动有助于学生自尊心和自信心的培养。跳绳活动形式活泼多样，方法也变幻无穷，能够展示个人或团队的高超技能，满足学生自我表现的欲望，还能营造生动、活泼、和谐、友善的氛围，使学生感受集体的温馨，体验进步与成功，让学生提高抗挫折能力，增强自尊心和自信心。

②跳绳活动有助于学生良好品行的养成。跳绳活动形式多样，学校采用竞赛、评比等方法，激发了学生的拼搏精神。比赛对优胜者的奖赏，能给学生带来精神上的满足和感情上的愉悦，激发学生锻炼身体、发展才能的积极性，培养敢于争光的竞争意识。此外，学生在跳绳练习中还要遵守一定的规则，并学习自我保护。这些严格的纪律和要求，都蕴藏着德育的因素，并有利于培养学生的责任感，让学生形成自觉遵守纪律、善于关心他人的良好思想品德。

③跳绳活动有助于学生审美情趣的培养。在多姿多彩的学校跳绳活动中，教师流利的讲解、优美的示范，以及各种队列练习与技术练习，各种跳绳竞赛与表演，都可以使学生受到美的熏陶，获得美的情感体验，从而培养学生健康的审美情趣和热爱美的情感。

课程改变，学校才能改变。黄河口中学的变化，恰恰是从课程的变化开始的，经过三年的课程开发与实施，"阳光跳绳"不仅跳出了健康，还跳出了阳光和自信，跳出了协作和团结，跳出了美和智慧，学生的综合素质也有了全面提升。

〔案例三〕　　**情智课程，让每一个孩子都奔向精彩**

东营市胜利锦华小学针对小班化教育的特点，围绕"情智教育"主题，提出了"为每一个学生的发展奠基"的教育理念，确立了"为每一个学生设计课程"的课程开发理念，构建了适应学生健康成长的课程体系，开设了个性化"情智1+1"特色校本课程，促进了国家课程校本化、校本课程特色化、学生活动课程化，也营造出"情智双馨"的文化氛围，创建出一个让学生自由选择、快乐学习的情智校园。

一、情智课程个性化，奠基发展

1. 天天向上微课程，日日践行大智慧

"日日践行，天天向上"对一个孩子来说，就是每天必行、每天必修。早晨，诗词天天诵；中午，好字天天写；下午，口算天天比。课前，口才天天练；课后，文明天天行。一系列微课程的开发丰富了学生的生活。

"日日践行，天天向上"是一种理念，更是一种实践。它记录着锦华师生每一天的行为，也引领着锦华小学每一天的发展。

2. 群星璀璨周周亮，幸福律动展风采

学校开发了"家校有约""社会实践""家长讲堂""家长课堂"四项家校课程，为家长和孩子构筑了丰富立体的幸福律动课堂。家长走进学校，每周带来教材之外的"营养餐"，极大地丰富了教育资源，开拓了学生的视野。

3. 异彩纷呈月月香，快乐温馨过八节

学校依托中国传统节日，设计了八个节日课程，作为学生课程成果展示的舞台，节日课程包括多彩民俗节、创新科技节、魅力艺术节、快乐英语节、阳光体育节、温馨阅读节等。八个节日课程，着眼学生发展，紧贴学生生活，

注重对学生综合素质的培养，让每个学生的特长都得以充分展示。

4. 精笔细描选课走班，自选课程齐绽放

锦华小学"情智1+1"校本课程目前有30多门，学校根据学生发展需要，按梯度分类设置课程，如生活百科类：泥火传情、迷人十字绣、营养美食、研究基地等；人文素养类：国学吟诵、图书小管家、故事小屋、Happy English等；社会人生类：心灵驿站、小小交警、儿童小法庭、绿色储蓄等；体育艺术类：笔墨丹青、舞之韵、美丽石头人、雏鹰运动社等；科学创造类：七巧益智园、创新益智研究坊、虚拟机器人、小小实验家等。

订单式、互动性的活动课程，变"配餐制"为"点餐制"，每周固定时间，纳入课表。学生选课走班，打破班级界限；学校统筹安排，让每一个孩子都能在这一天走进"情智1+1"课堂，全新的学习方式成就了一批批优秀的情智学子。

图 5-2-4　泥火传情：学校的陶艺校本课程

研究性学习基地里，孩子们拿着工具弯腰忙种植，红润的小脸洋溢着期待的喜悦；绿茵场上，矫健的身影挥洒汗水；音乐室里，悠扬的乐曲合奏声让人流连忘返；教室里，学生飞针走线，一幅幅色彩艳丽的十字绣作品指日可待；探究室里，一块块七巧板拼摆出奇思妙想；实验室里，蛋糕热气腾腾、水果拼盘美味诱人；陶艺室里，一双双巧手捏形塑物；活动室里，未来科学家们正在进行小机器人的实验研究……

锦华小学的"情智1+1"课程，经历了由活动走向课程的蜕变，它致力于给学生提供一个自我成长的平台，让学生在实践中自主、快乐求知。"情智1+1"课程的形成源自学校对"情智教育"理念的践行。

5. 多元评价助成长，核心素养塑人生

为保证学生在"情智1+1"课程实施过程中获得全面、立体的评价，锦华小学不仅建立了"五好学子"多元评价体系，还为学生量身设置了"国文小翰林""数学小博士""文艺小明星""运动小健将""书画小能手""IT小精英""文明小使者""道德小模范"等多项评选项目。多元评价激发了学生学习的热情，也保证了每一个孩子都能发挥特长，体验参与活动的快乐。

二、情智课程多元素，硕果盈枝

1. 天天向上，情智课程崭露头角

清晨，伴着清脆的铃声，学生排着队迈入锦华小学的校门，这也拉开了"天天向上"的序幕。"天天锦文，日日华诵"的清脆朗诵声飞扬在校园的每个角落……立足于学生的一日常规，从细节塑形，"日日践行"文化种植在每个师生的心里。学校教学常规的进一步规范，带动了师生天天向上。

2. 培养能力，情智课程锦上添"华"

在胜利教育管理中心举办的虚拟机器人制作大赛中，锦华小学四支代表队囊括前四名；学校连续几年在全国中小学电脑机器人比赛和全国中小学信息技术创新与实践活动中取得优异成绩。

锦华小学自 2013 年起开设小机器人课程。"机器人课程看似复杂，其实简单，只是门道较多，值得探索。"课程教师赵晓波说。机器人课程的特点决定了课程的趣味性，该门课程受到很多学生的喜爱，并在锦华小学掀起了一场校园机器人热。"申轩胜平时是一个调皮好动的小男孩，学习机器人课程时，他反而能静心思考，专注度提高了，更重要的是能开发他的智力。"申轩胜的妈妈看到了儿子可喜的变化，在她眼中，技能学习促进了知识的触类旁通，提高了孩子的学习能力。

陶艺课程同样备受学生和家长青睐，在学期初的自主申报时，陶艺课程是最热门的课程之一。据课程教师梁圣陶介绍，儿童的天性是愿意回归自然的，他们喜欢接触泥巴，看到陶泥在自己的手中成为各种形状，想象得到了满足，学习陶艺对他们的想象力、实践操作能力、审美情趣等都会产生重要影响。

3. 硕果累累，情智课程创新品牌

"情智 1+1"课程开设至今，先后有数十所学校派代表到锦华小学参观交流，东营电视台、大众网、中国经济网等媒体对学校陶艺教学进行了全面报道。学校艺术、体育代表队在胜利教育管理中心组织的艺术展演、体育活动中名列前茅，成绩斐然。同时，在课程开发与实施的过程中，学校教师的专业能力也得到极大提升，并陆续在全市重要的比赛上崭露头角。锦华小学教师群体这支年轻的生力军开始登上舞台。

锦华小学"精神统领、文化引领、专家带领、博采众长、整合资源、开拓创新"，迈上了发展的"快车道"。学校先后被授予中国青少年素质教育研究实践基地、NOC 信息化教育实验学校①、全国教科研先进单位、全国十大书香校园、山东省第七届民族器乐大赛优秀组织单位、山东省健康示范校、东营市文明单位、东营市教育现代化学校等荣誉称号。

---

① NOC 信息化教育实验学校是全国中小学信息技术创新与实践活动组委会遴选出的信息化教育标杆学校。

图 5-2-5　学校魅力艺术节上学生们的精彩表演

三、基于核心素养培育的解析

1. "情智1+1"课程助力培养学生人文素养

培养学生核心素养应注重学科间的融合。在小班化教育环境下，张扬个性，促进学生个性化的发展，是目前需要努力的方向。"情智1+1"课程是基于学生核心素养发展所进行的课程整合的尝试。小班化教育班额小，宜于开展面向全体的个性化教育活动，"情智1+1"课程的实施更好地解决了小班化教育环境下对学生核心素养培养的问题。

以陶艺课为例，它以土和火为媒介传递创作者对周围事物的关切和感悟。它不仅仅是简单的"玩泥巴"，更是融合了学科知识的亲身体验，对学生性情的陶冶、良好性格的养成以及创造性思维、审美情趣的培养，都具有极大的促进作用。

首先，陶艺课程有利于陶冶学生性情。陶艺制作从选土、成形、装饰到烧制所涉及的学科知识广泛，并且创作时间跨度大，创作中学生既要动脑又要动手，还会产生成功、喜悦、苦恼、失望等一系列情绪。制作陶艺的过程不仅让学生了解和学习了不同的知识，也培养了他们的耐心和毅力。

其次，陶艺课程有利于激发学生的创造性。制作陶艺时，学生会"提取"美术课上学到的点、线、面知识，运用各种成形手法和装饰手段进行创作。这样他们逐渐学会把学到的知识运用到作品创造中去，因而能从更本质的层面了解和领悟美的构成及掌握传递美的手段。

通过对具有悠久历史文化的陶瓷艺术的学习，学生对中国传统文化有了进一步认识，人文素养得到了提升。可以说，一堆泥土，让学生打开了思维，激发了学生的创造意识。可见，陶艺对培育学生的人文素养产生了积极的作用。

2. "情智1+1"课程在潜移默化中培养了学生的科学素养

"创新益智研究坊——虚拟机器人"课程的开发，有效提高了学生的科学素养。小班化教育环境为学生的实践创造了必要的条件，为提高学生的科学素养奠定了基础。开展科学教育、提升学生科学素养是信息时代发展的要求。虚拟机器人这门课程的开发是将素质教育、创新教育与前沿研究相结合的尝试，实施该门课程有利于引导学生关注前沿科学研究，提高学生的创新能力和科学素养。

关于机器人的内容对学生有着天然的吸引力，能激起学生探索研究的兴趣。学校规划机器人课程并不是追风赶时髦，而是注重用科学的方法去研究机器人教育的意义，以全新的教学工具为载体，研究机器人教育与创新教育的整合，切实提高学生的创新精神和科学素养。

"创新益智研究坊——虚拟机器人"课程，要求学生学习时不仅要用眼睛去看，用耳朵去听，用嘴巴去说，用双手去做，还要用自己的身体去体验，用自己的心灵去感受。这不仅是学生理解知识的需要，更是激发学生生命活力、促进学生成长的需要。

锦华小学"情智1+1"课程让学生奔向更美好的明天。学校将微课程与自选课程融合，国家课程与校本课程整合，把精致的"家常菜"呈现在学生面前。多元的课程内容培养了综合型人才。锦华小学秉承"情智"教育理念，一路探寻求索，一路汗水滋育，情智课程之花万紫千红，成就了一片亮丽风景。

〔案例四〕　**以游泳塑造个性　以课程提升素养**

东营市育才学校是一所九年一贯制的省级规范化学校。学校以"尊重差异、发展个性"为办学理念，以"积极适应、适度超前、自主发展"为办学方针，充分利用本地特色教育资源，自 2002 年开启课程校本化的探索与实践之旅，寻找乡土文化与素质教育的契合点，经过不断探索，开发并形成了具有自身特色的小班化教育课程体系（见图 5-2-6）。

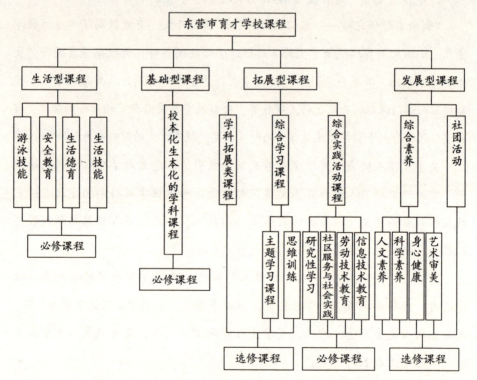

图 5-2-6　东营市育才学校课程

人首先要学会生存和生活，其次要学会必备的科学文化知识，然后根据自己的兴趣特点和特长，追求个性化发展。同时，要积极提高自己的综合素养，以便为未来的发展和将来投身社会做好充分的准备。因此，学校从人的发展的纵向维度出发，将自主发展素养中的健康生活放在学生发展的第一位，首抓生活型课程的开发，将游泳技能、安全教育、生活德育及生活技能等作为学生的必修课程，向学生传授最基本的生存、生活技能以及公民的基本道德素养。自2002年起，学校因地制宜，利用校内建有游泳馆的优势，加强体育与健康课程、与游泳运动的整合，开展国家体育与健康课程的校本化实施，开发游泳校本课程，探索实践教体结合模式，逐步形成了以游泳运动为品牌的学校特色。

一、积极探索教体结合新模式，创立育才游泳特色品牌

东营市育才学校游泳校本课程的开发经历了从无到有、从弱到强的过程，可分为三个阶段。

第一阶段：策划筹备阶段（2002年9月—2003年9月）

学校校本课程开发的策划阶段，也是游泳校本课程的筹备启动阶段。2002年9月，学校成立校本课程开发领导小组，制定了《东营市育才学校校本课程开发指导意见》，对校本课程开发提出了具体指导意见和工作要求，同期，游泳校本课程开始了申报、制定课程纲要等工作。

此阶段游泳校本课程的师资队伍：校外聘请专家2人，校内体育教师1人。课程资源：关于游泳的课程纲要、关于游泳课的教案。运行机制：在选材方面，与海河幼儿园合作，在幼儿园大班着手建立游泳兴趣班，为一年级的游泳人才资源做好储备；教学方面：校外聘请的两位专家和校内体育教师利用每周二、周四的校本课程时间对学生进行游泳训练；游泳文化和场馆建设：利用学校游泳馆已有的励志标语，激励学生刻苦学习游泳。

第二阶段：全面开发阶段（2003 年 9 月—2007 年 9 月）

该阶段是学校校本课程全面开发实施的阶段，也是游泳校本课程深入开展的阶段。游泳校本课程走向规范化，配套的管理制度日趋完善，游泳校本课程的质量有了很大提升，在社会上引起了强烈反响，以游泳为品牌的校本课程特色初步形成。

教练员师资队伍：组织在岗体育教师开展游泳技能培训，从现任教师中选拔游泳教练员 3~5 人，游泳救生员 6 人，水质处理员 1 人，校外聘请专家 2 人。课程资源：游泳校本课程开发方案、关于游泳课程的教学计划、关于游泳的课程纲要、关于游泳课的教案。运行机制：选材方面，一方面继续与海河幼儿园合作，在幼儿园大班建立游泳兴趣班；另一方面面向社会公开招生，对学生的自然条件、潜在体能素质、品德和心理状况、文化成绩等方面进行考查，从中筛选适合游泳的人才。从一年级开始，组建 20~30 人的游泳特长班，并纳入学校教务处统一管理。教学方面：探索教体结合的教学机制，在保证全日制义务教育正常教学的前提下，强化对学生专业知识和专业技能的培训；文化课全由本校教师担任，专业课由学校 3 位专职游泳教练担任，聘请校外专家进行指导；训练时间为课外活动时间，每周训练 6 天；此外，通过参与和承办市级以上游泳比赛促进学生游泳水平的提升。评价方面：构建"普及—选材—训练"为一体的特色评价体系，对文化课和游泳训练都进行评价，对学生采取较之大班更具有发展性的评价方式。人才培养方面：学校经过几年运作，形成了校内人才资源的分层递进流动机制。游泳文化和场馆建设：将游泳历史、游泳常识、游泳与健康、游泳与安全、游泳冠军的成长路、游泳装备的发展等相关知识联系起来，发展大游泳文化。

第三阶段：结出成果和形成特色阶段（2007 年 9 月至今）

这个阶段是育才学校游泳校本课程开发和实施产出成果的阶段。这期间，无论是课程资源的开发、师资队伍的建设，还是人才的培养，都形成了规范的运行机制，在省内外产生强烈反响。

图 5-2-7 学校游泳队参加 2016 年"浩沙杯"

全国中学生游泳锦标赛获得团体总分第二名

　　此阶段游泳校本课程的师资队伍：积极与人事部门沟通协调，按照小班化教育的要求，分阶段、分步骤地增加教师编制，招聘游泳专业教练员，现阶段学校的专职游泳教练达到6人、游泳救生员9人、水质处理员2人。课程资源：游泳校本课程开发方案、游泳课程的教学计划、自编游泳教材。运行机制：选材方面，原有的游泳特长班学生依次升级；新入学学生从一年级开始进行游泳普修，二年级时根据对学生自然条件、潜在体能素质、品德和心理状况、文化成绩等考查结果，从中筛选出游泳人才，组建30~40人的游泳特长班，纳入学校课程部统一管理。教学方面：继续教体结合的教学机制，将游泳课纳入课程表，在保证全日制义务教育正常教学的前提下，强化对学生专业知识和专业技能的培训，制订科学合理的游泳特色课程教学计划；文化课由本校教师担任，专业课由 6 位专职游泳教练担任；小学训练时间为正常上课时间，初中训练时间为课外活动时间，每周训练 6 天；此外，通过参与和承办市级以上游泳比赛促进学生训练质量的提升。评价方面：继续"普及—选材—训练"为一体的特色评价体系，对学生的综合素养进行多元、客观、具有发展性的评价。人才培养方面：除了建立校内人才资源的分层递进流动机制之外，开始不断地向省游泳队等更高级的专业游泳人才资源库输送人才，2012 年，学校与东营市一中签订合作培养协议，使在训队员游泳训练贯穿九年义务教育阶段的基础上，延长至高中阶段，为升入高等院校奠定基础。游泳文化和场馆建设：2014 年学校又新建成第二个游泳馆，并在广场、体育馆周围、教学楼门厅、走廊、楼梯制作了以游泳为主题的文化墙。

二、教体结合新模式带来累累硕果

游泳校本课程的探索与实践，提升了学校的办学水平。学校先后荣获"全国特色学校""全国基础教育名校""全国体育工作先进单位""全国 100 所国家级体育传统项目（游泳）学校""山东省游泳项目后备人才基地"等多项市级以上荣誉称号。

游泳运动促进了学生的全面发展。自 2011 年在一年级开设游泳普修课起，凡进入学校学习并坚持训练的学生，都能够学会游泳。这些学生既掌握了基本的运动技能，又增强了体质，还养成了良好的意志品质。在这个过程中，还涌现出了一批成绩突出的游泳特长生，学校游泳队员代表东营市在各级各类比赛中获得金牌、银牌、铜牌 400 多枚，培养出 110 多名国家级运动员，十几名运动员被选拔到山东省游泳运动队，30 余人升入普通高中后因游泳特长进入中国地质大学、西安交通大学、北京体育大学、暨南大学、清华大学、首都体育学院等高等院校。

三、基于核心素养培育的解析

1. 指向核心素养培育的游泳课程教体结合思路

教体结合采取教育系统和体育系统相结合的方式，以培养适应社会发展需要的具有创新精神的全面发展人才和优秀体育后备人才为目标，是既遵循教育规律，又遵循体育训练规律的一种新型训练体制。教体结合是素质教育的发展要求，是培养全面发展人才的重要途径，也是保障竞技体育人才储备的重要手段，更是有机整合学校教育资源和社会体育资源的有效途径。

2. 指向核心素养培育的游泳课程目标设计

育才学校游泳校本课程开发起步较早，在不断地探索实践中，逐步形成了以游泳运动为品牌的学校特色课程。

在课程编制的四个步骤——确定目标、选择经验、组织经验、评价结果中，确定目标最为关键，因为其他步骤都是围绕目标展开的。学校致力于培养学生学会健康生活，立足自主发展的核心素养回答了学校要培养什么样的人这个问题。学校形成的游泳校本课程目标如下。

①满足学生的学习兴趣和需求，帮助学生树立终身健身的意识和积极的人生态度。学校结合游泳运动的特点，让学生养成勤奋向上的良好学习风气，保持良好的形体姿态，提高对美的鉴赏能力。

②让学生掌握关于游泳的基本理论知识、技术和技能，学会蛙泳、仰泳、爬泳、蝶泳四种泳姿，并通过游泳训练，提高学生有氧代谢能力，改善心肺功能，提高学生的身体健康水平。

③发展学生良好的心理品质，增强人际交往技能和团队意识，提高学生调节自身情绪的能力、自我控制能力及社会适应能力。

学校基于以下三点确定课程目标：首先，对本校学生需求的调查研究；其次，对现代社会所要求具备的核心素养的研究；最后，对国内外各类学生培养目标和准则的比较和筛选。

3. 基于核心素养培育的国家课程校本化改造

自 2004 年起，学校因地制宜，加强体育与健康课程及游泳运动的整合，开展国家体育与健康课程的校本化实施，为发展学校游泳特色提供了基础保障。

①将游泳课纳入课程表，制订科学合理的游泳特色课程教学计划。

②形成学校特色课程建设方案，编写游泳校本教材。

③在一年级开设游泳普修课，在其他年级开设游泳选修课，争取让所有孩子都掌握游泳的基本技能。

④在小班化的游泳特色班开设专业训练课。在"小班化+游泳"模式中，竞、训、学之间互相协作，优势互补，互相促进，有利于共同提高学生的综合素质，有利于发展学生的个性特长。

在组织形式上，充分发挥小班化教育的优势，在师生互动，生生互动中，为学生的创造性学习和发展性学习提供良好的条件，使每一个孩子都有机会参与学习活动，使每一个孩子都能享受学习的乐趣。同时充分发挥教体结合的能动性，教练与教师积极配合，及时改进教学及训练方法，力争用较少的时间，取得事半功倍的效果。游泳班实施小班化教育不仅缩短了师生、生生的心理距离，而且增加了师生互动和生生交往的频率，增强了学生的团队合作意识，密切了师生关系。

游泳课程是根据育才学校自身特色及学生的需求自主开发的，其设置和实施具有较大的针对性，在课程内容的选择上具备时代和社会特色，在课时安排上也能保证不同阶段的学生获得相应的培养。

4. 基于核心素养培育的游泳教练员专业发展

游泳项目的特殊性，对教师能力提出了更高的要求，学校立足游泳特色项目发展的需要，采用培训在岗教师、招聘专业教练、聘请省内外专家等形式，形成了一支思想素质高、业务能力强的教练员队伍。

①通过"走出去，请进来"的形式，组织在岗体育教师开展游泳技能培训，从现任教师中选拔游泳教练员。

②积极与人事部门沟通协调，分阶段、分步骤地增加教师编制，招聘专业游泳教练员。

③聘请省内外资深游泳教练担任指导专家，定期到校进行游泳教学指导。

④组织教练员参加国家、省市体育局举办的各种游泳培训，大力开展校本培训，不断提高教练员整体水平。

⑤建立教练员全面发展的评价机制，强调教练员执教过程中的反思能力，督促其不断提高自身的业务水平。

5. 基于核心素养培育的游泳特长生多元评价与激励发展机制建设

育才学校是九年一贯制学校，学生从一年级入学开始进行游泳训练，为了使学生能够在九年甚至更长的时间内坚持游泳训练并取得优异的成绩，学校采用多元评价策略，培养学生对游泳运动的兴趣，锻炼学生的意志品质，促进游泳特长生的可持续发展。

①从知识与技能、过程与方法、情感态度和人生价值观等方面，将教练员评价、学生自我评价、学生互相评价与家长评价相结合。

②把训练出勤率评价、训练态度评价、参赛过程评价与反思性评价相结合，帮助学生认识自我、锻炼意志。

③积极参与多种形式的游泳比赛、交流活动，促进学生的训练成绩提升。

④建立个人成长档案，从学业等级、身体形态指标、运动成绩指标、取得的荣誉称号等方面，全面记录学生的发展状况。

游泳校本课程基于学校教育理念，旨在满足学生多样化的兴趣和发展需求，其开发、实施过程的特殊性决定了校本课程的评价应当更强调对学生的个性发展和综合素养的考查，更强调教师对课程实践的不断反思。

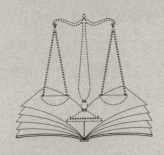

第六章

自主与合作：

教学的生态

　　小班化教育被誉为"教育领域的一场静悄悄的革命"。其之所以被认为是一场革命，不仅在于教育外在形式的改变，更在于课堂教学的创新。小班化课堂是现代化的课堂，是培养适应未来社会发展需要的人才的课堂。文化艺术的传承，社会因子的结合，科技元素的融入，核心素养的指向，在这里交汇渗透，共同推进小班化课堂的健康跨越发展。

第一节 小班化教育的课堂教学

2013 年，东营市发布《全市中小学小班化教育实施方案》，要求构建小班化教育课堂教学体系，方案明确指出："建立完善适合小班化教育，并能与个性化教育等其他教学组织形式进行优势叠加的课堂教学模式，形成融合新理念、新行为、新变化的精品小班化课堂。"小班化教育条件下的课堂，是自主、合作、生命化的课堂。小班化教育的课堂教学应基于小班化和个性化，以学习者为中心，激发学生自我建构的内动力。

东营市课堂教学改革的破冰之旅，善始于兹。三年后，区域推进、校本实践的成果得到显现，完整的小班化精品课堂模式——自主、合作、生命化课堂建构并推行。

一、东营课堂教学之嬗变

东营市小班化教育课堂教学改革大体经历了三个阶段：理论探索与实践探索阶段、专业切入与模式建构阶段、模式推广与成果固化阶段。第一阶段，我们厘清了小班化教育的实质，确定了新课堂的基本理念。第二阶段，我们进一步阐明小班化教育的特性，总结形成自主、合作、生命化课堂教学模式。第三阶段，我们于各试点学校着力推行新课堂模式，做到了"入模"有模有样，"铸模"有声有色，"出模"有章有法。

东营市课堂教学改革中，我们践行了小班化教育"关注每一个、发展每一个、幸福每一个"的教育宗旨，促成了课堂的"三变"：教学思维之变——变"要我学、先教后学"为"我要学、先学后导"；教学内涵之变——变"单一讲授为主"为"多元探索为主"；组织形式之变——变"关注群体"为"兼顾群体与个体"。

小班化课堂是现代化的课堂，是培养适应未来社会发展需要的人才的课堂。

二、小班化教育条件下的新课堂——自主、合作、生命化课堂

东营实施小班化教育坚守"公平、个性、生长"的基本价值理念，并以此作为课堂教学改革的引领。公平意味着教育者要在课堂中公平对待每一个孩子，使其获得自主、平等发展；个性强调课堂尊重人与人之间的差异，实现不同个体、不同层次的合作；生长是对课堂环境及生命状态的表述，是课堂的生命化符号。公平、个性和生长的价值理念在东营小班化教育环境下的课堂中，体现为尊重儿童天性，唤醒内在生机，促进自由生长。简言之，就是自主、合作、生命化课堂。

什么是自主、合作、生命化课堂呢？这是小班化行动研究中创新的一种教学模式，主要包括基本理念、课堂教学流程范式、小组合作机制。

基本理念：自主、合作、生命化课堂是基于小班化环境的以学习者为中心的课堂。课堂教学关注每一个学生全面而富有个性的发展，注重发挥教师的主导性，奠定学生的主体性，营造"公正、平等、自由、开放"的教学氛围，构建"公平、个性、智慧、生长"的教学环境。课堂旨在激发学生的生命潜能和学习兴趣，发展学生的综合能力，为其适应自我发展与社会发展固本培根。在以上价值追求的引领下，自主、合作、生命化课堂确立了一个中心、两个基点、三个零距离、四个百分百的核心价值体系。

一个中心：以学习者为中心。学习者知识、能力、情感态度的需求是撬动课堂模式变革的关键。围绕教师，课堂将成为工具化活动。围绕教材，课堂将成为知识化活动。围绕学生的需求，课堂将从工具化走向人本化，从知识性走向能力性，从学科性走向综合性。建构主义认为，知识必须依赖于自我的建构。以学习者为中心的课堂，将调动所有教育教学要素激发学生自我

建构的内动力，为其素养发展和生命成长发掘涌流不息的源泉。

两个基点：基于小班化，基于个性化。基于小班化，是自主、合作、生命化课堂的必要前提。小班的物质配置优势、人员组织优势、资源环境优势为课堂创造了真实、完善、有效的学习情境和活动环境，从而使课堂具备了实施软环境变革的硬性条件。基于个性化，是自主、合作、生命化课堂的应有之义。一个模具只能制造单一性的产品，个性发展却能造就多样化的人才。长善救失，因材施教，教师只有关注每一个学生的身心状况，尊重每一个学生的发展优势，为每一个学生量身打造"个性化的教法"，引导每一个学生发现适合自我的"个性化的学法"，才能基于他们的先天素质，不断丰富他们的后天素养，从而实现课堂软环境的变革。

三个零距离：资源零距离、沟通零距离和合作零距离。资源零距离，具体而言就是把资源放在学生触手可及、周身可感的地方，提高资源使用效率，主要途径为建立学科教室、实践基地等专业资源场所，配合选课走班等教学组织形式释放资源空间，消弭学生与资源的隔阂。沟通零距离，旨在实现课堂上教师与学生平等的沟通，形成师生人格地位的比肩状态。主要办法是通过导师制和课堂互动机制，为教师与学生的常态交流搭建多样化的稳定平台，为"关注每一个"打通心路之门，零距离观察学生身心，零距离感受教师关爱，以臻亲其师而服其道的教育良效。合作零距离，是学生与学生合作的零距离接触。在自主、合作、生命化课堂中，小组合作是重要的学习形式。通过小组合作机制的分组规定、合作学习流程、评价文化等方面促进生生之间多渠道、多环节的沟通，激发学生的合作激情，提升学生合作解决问题的能力。

四个百分百：百分百互动、百分百发言、百分百关注、百分百作业面批，强调全体性基础上的个体性，个体性集中后的全体性。百分百互动，即全体学生在课堂激趣、预学、质疑、小组合作、讨论、小结等各个环节都充分参与互动，思考力领跑课堂全程，在思维碰撞中迸发创意的火花，在彼此交流中开拓智慧的新域。百分百发言，即课堂中每一位学生都有至少一次发言的行为。通过提问或主动发言，教师关注到每一个孩子的课堂表现，调动他们的学习热情，培养他们的表达能力。百分百关注，即教师充分关注每一个孩子的课堂表现和心理变化，对悦纳课堂的孩子及时鼓励，对抵触课堂的孩子尽早唤醒，促使每一个孩子处于最佳学习状态。百分百作业面批，即教师布置知识型、能力型、实践型作业和复合型作业，当堂布置，当堂完成，当面批阅，当时评价。百分百作业面批针对每一个孩子辨证施药，理性引导，感性教育，促进其知识与情感的共同生长。

第二节 打造有质量的课堂

〔案例一〕 从"知本课堂"走向"人本课堂"

小班化教育的课堂要注重学生在学习过程中的发展，让每一个孩子都能获得合作、探究、倾听及表达的机会，实现"关注每一个、激励每一个、发展每一个"的目标，真正走向"人本课堂"。就此，广饶县同和小学重点从"单元重组教学设计""自主作业设计"和"转变学生学习方式"三方面进行了实践探索。

一、改变教与学的方式

1. 单元重组教学设计

以前，学生学习一个单元甚至一册书都是按照教材的编写顺序，从前往后一课一课地学习。经过对教材反复地研究，老师们发现每册书中单元之间、单元内部各板块之间是有联系的，单纯按照教材的编排顺序开展教学对于学生能力的提升并不是最佳的。因此，学校进行了国家课程标准下的学科单元重组教学设计，学生课堂学习的内容得到了有效整合。

语文学科确定了指向"表达"的单元重组教学设计。例如，人教版小学语文四年级下册第四单元围绕"战争与和平"这一专题，选取了描写第二次世界大战期间中外两个小英雄故事的文章《夜莺的歌声》《小英雄雨来》和两篇以孩子的眼光关注国际局势、表达对和平渴望的课文，并安排了与此相关的"口语交际""习作""我的发现""日积月累"等语文实践活动，还选编了"资料袋""阅读链接""宽带网"等有关战争与和平的资料。通过单元备课，教师发现"我的发现"板块的学习目标是引导学生学习作者运用比喻的修辞手法来体现人物特点的写作方法。于是，在学习《小英雄雨来》一课时，教师的教学设计中加入了"我的发现"中的学习内容。在引导学生反复朗读体会的基础上，延伸出小练笔进行仿写。在这个过程中，学生运用比喻的修辞手法来体现人物特点的写作能力得到了提升。本单元的"习作"要求学生观察照片中战后的场景，把看到的人和景写下来。这一要求就涉及了环境描写，而《夜莺的歌声》这篇课文的第一段正是环境描写。在学习这一课时，教师设计活动引导学生反复诵读第一段，在有所感悟的基础上，总结学习方法。随后，教师出示"习作"中的照片，请学生运用习得的写作方法描写照片中的场景。在写法迁移中，学生学会了环境描写的方法，写作能力得到了提高。《夜莺的歌声》和《小英雄雨来》这两篇文章的结构基本相同，学生可以利用在《夜莺的歌声》中学到的学习方法自学《小英雄雨来》。学完这两篇课文，教师课后布置菜单作业：①请学生收集"日积月累"中的成语背后的故事，并进行整理，进一步了解古今中外的战争。②"宽带网"。通过课外阅读、看电视、听故事、参观展览等活动，了解更多关于战争给人类造成灾难的事实和英雄人物的事迹。

除进行单元内部重组教学设计之外，学校教师还进行了单元间的整合。在数学学科，人教版小学数学四年级下册一共有九个单元，教师打通单元之间的联系，按四个领域对九个单元进行划分。领域一：数与代数，包括第1、3、4、6单元；领域二：空间与图形，包括第2、5、7单元；领域三：统计与概率，包括第8单元；领域四：综合与实践，包括第9单元。从实践情况来看，这样对教材进行单元间的整合，有利于学生系统掌握本学科的知识。

2. 自主作业设计

作为课堂学习的延伸，作业对于学生知识和能力的提升起到了很大的巩固作用。统一的作业无视学生间的差异，势必会抹杀学生的个性，降低学生的学习积极性。学校结合学生实际，研究设计了学生自主作业。学生自主作业分成四类：半自主，即学生选做教师布置的作业，完成自主设计的作业；全自主，即学生不做教师布置的作业，完全以自主探究的作业代替；加自主，即学生完成教师布置的作业，再完成自主探究的作业；作业签免，即超过规定时间（每天不超过 1 小时）还没有完成教师布置的作业，经家长签字后可以不做剩下的作业。

3. 转变学生学习方式

要想让课堂转变为"人本课堂"，应尊重学生个性发展，使学生的学习方式从被动接受转向主动探究。在小班化课堂上，重点指向培养学生倾听、串联和表达的习惯。

①倾听是一切课堂活动顺利开展的前提。学校教师注重学生倾听习惯的培养。比如，教师提出要求前，确保每一个学生都做好听的准备后才继续下面的环节。在小组合作时，教师重点关注学生是否在倾听其他同学的发言。同时，教师带头倾听学生的发言，不打断学生的发言，并采用手势暗示、目光暗示、语调暗示、接触暗示等方式来提醒其他同学认真倾听。在倾听习惯的培养中，教师还注重评价激励："你听得很认真，这是尊重别人的表现！""你听出了他发言中的瑕疵，帮他修改后就更完美了！"通过这样的评价激发学生倾听的兴趣。

②串联是学生学习活动的核心，串联的过程就是学生深度思考的过程。教师引导学生在学习过程中将教材与原有知识串联起来，将同学、老师的发言与自身认识串联起来，将不同同学的发言串联起来，将课堂知识与社会经验串联起来。教师对学生串联习惯的培养通过巧妙的追问来实现。当学生就某个问题提出自己的观点后，教师不急于询问其他同学"还有别的意见

图 6-2-1 课堂教学中的教师倾听

吗？"，而是追问"你从哪里看出来的？""你为什么这样想？"，用这样的追问引导学生进行串联。久而久之，学生的串联习惯就会养成。

③表达是内化知识、提升能力的关键。教师为了培养学生的表达能力，首先从激发学生"想表达"的兴趣入手。在课堂上，教师刻意地创设特定的情境，活跃气氛，激发学生的表达欲望。例如，教学"三角形内角和"时，创设"两个三角形争论谁的内角和大"的情境，激发学生想表达的兴趣。此外，教师还给学生创造表达的机会：同桌交流、小组交流、全班交流。在表达训练中，允许学生失误，并通过正向的评价鼓励学生大胆发表自己的见解。

二、教学方式的改革，使学生得到真正发展

1. 单元重组教学设计，打造"扎实"课堂，助力学生发展

在明晰教学目标的基础上，教师找到单元目标之间、单元内部课时目标之间的联系，打破教材的单元格局，基于学情，重组课例，设计恰当的教学

活动。单元重组教学让学生对知识的掌握不再停留在只是学过了的层面，而是要真正学会了。学生的学习能力真正得到了提升。

2. 自主作业设计，实现每一个学生的个性化发展

自主作业基于每一个学生的真实学习水平而设计，关注学生的个性发展，真正体现以人为本。通过自主作业的实施，每一个学生都能够在自己的最近发展区得到最优发展。例如，五（1）班学生的语文自主作业连载故事《于晓娜旅行记》发表在《创新作文与阅读》期刊上；数学学科的自主作业"口袋题"已经成为学生的最爱。"关注每一个，发展每一个"的小班化教育理念在学习过程中得以落实。

图 6-2-2　指导学生开展合作与交流

3. 以倾听、串联、表达为主要方式的课堂学习，让学生真正成为课堂的主人

走进同和小学的课堂，我们听到的更多的是学生的声音：学生的读书声、学生的质疑声、学生的评价声……在小组合作学习时，学生的学习状态与以

前相比有了明显的改善：发言更自信了、倾听更专注了、分析更具条理了、表达更严谨了。这些表现充分说明了学生的学习方式发生了转变，学生真正成为课堂的主人。

三、基于核心素养培育的解析

同和小学基于小班化的课堂教与学方式的转变采取的改革措施，能够找准问题的根源，对症下药，效果明显。这些举措很好地落实了学校"想孩子一生"的办学理念，真正实现了由"知本课堂"向"人本课堂"的转变。

1. 单元重组教学设计为提升学生人文底蕴奠定基础

培养学生的核心素养，要求我们从关注知识的掌握转向关注素养的提升，使学生在学习、理解、运用人文领域知识和技能等方面，形成基本能力、情感态度和价值取向。同和小学实施的基于学科本质的单元重组教学设计打通了单元内部各板块之间、一册书中各单元之间的联系，在培养学生的情感态度及价值观等方面更有针对性，在这样的课堂中，学生的能力得到更好的培养。前文提到的针对小学语文四年级下册第四单元"战争与和平"主题的单元设计，目的是引导学生了解、感受战争给人类带来的灾难，缅怀为保护和平而战的英雄，激发学生从小反对战争、热爱和平的美好情感，为学生习作奠定情感基础。

2. 自主作业促进学生的自主发展

自主发展，重在强调学生能有效管理自己的学习和生活，认识和发现自身价值，发掘自身潜力。同和小学自主作业的实施是建立在学生对自我学习水平正确评估的基础之上，给予学生自主选择适合自己作业的机会，引导学生挖掘自己的潜能，促进个性的发展。

"口袋题"作为数学学科的自主作业，一般用于学有余力的学生。"口袋题"在学生发展中主要有两种作用：一是激发学生的学习兴趣，满足学习能力强的学生主动获取知识的需要；二是提高学生的学习能力，当基础性和普适性的知识目标完成后，学生在强烈学习兴趣的激励下，从教师那里选择带有挑战性的学习内容，向更高能力发展目标继续迈进。

不管是自主性作业还是"口袋题"，学生的自主选择在态度上都是主动的，直接结果就是促进个人的更好发展。

3. 倾听、串联、表达习惯养成的目的指向学会学习

学会学习，首先要有学习的意识，其次再选择学习的方式，即善于倾听、善于观察、善于反思、勇于实践等。在同和小学的小班化课堂上，教师注重学生倾听、串联、表达习惯的培养。我们知道，倾听是知识的输入，善于倾听是会学习的前提。串联已有知识和新知识、串联同学发言与自身经验的过程都是思考的过程，是对知识的重新建构。表达是对学习结果的检验，学生能力是否在学习中得到提升主要通过表达体现出来。走进同和小学的课堂，我们听到的是学生的读书声、交流声、质疑声，看到的是学生在活动、在思考、在实践……在合作学习时，教师重点关注学生是否在倾听其他同学的发言，并采用多种方式来提醒学生认真倾听他人发言；关注小组交流过程中是否每个学生都经历了思考的过程，表达了自己的观点。在这样的课堂活动中，学生的倾听、串联、表达习惯慢慢养成，学习能力逐渐提升。

4. 和谐的课堂环境体现了对学生人文情怀的培养

同和小学的课堂上之所以能看到学生认真倾听、大胆质疑，得力于师生共同创设的和谐的课堂环境。

《中国学生发展核心素养》提出培养学生人文情怀的要求，即培养学生"具有以人为本的意识，尊重、维护他人的尊严和价值；能关切人的生存、发展和幸福等"。培养学生以人为本的意识，要求教师培养学生关注和尊重同学和老师的发言；引导学生积极主动参与合作学习，主动与他人合作。

除了在课堂活动中教师认真倾听学生发言、学生认真倾听同学的发言并

做出中肯的评价之外，教师还鼓励学生表达自己的独特体验，因为任何一名发言的学生，在发言之前都经过了与文本的对话和思考。对于学生经历学习过程所付出的努力，教师应给予认可和鼓励。这种认可和鼓励有利于激发学生的学习兴趣，使学生热爱学习，这也是"以人为本"思想的体现。同时，教师的这种行为对学生起到耳濡目染的作用，学生在得到尊重、赞赏和激励的同时，也在学习如何尊重和欣赏他人。

经过三年多的探索实践，同和小学小班化课堂教学不再停留在形式上，而是真正做到了"关注每一个、发展每一个"。同和小学的课堂从教学目标的确定、学习方式的转变以及课后作业的形式都做到了"以人为本"，将学生的素养提升放在首位，真正做到了从"知本课堂"向"人本课堂"的转变。这是同和小学教师最值得骄傲的，也是同和小学学生觉得最幸福的事情。

〔案例二〕　　　　　在小组合作学习中快乐成长

作为全市首批小班化教育试点学校，东营市胜利第八中学牢牢树立了"关注每一个、激励每一个、成就每一个、幸福每一个"的教育理念，优化资源配置，缩小班额，创设和谐愉快的教育环境，转变教学方式，开展小组合作学习，推进课堂教学改革，构建开放的、充满活力的生态课堂，让学生成为课堂的主人。

一、积极探索小组合作学习，为学生发展助力

1. 科学构建学习小组，为合作学习提供保障

著名教育家夸美纽斯认为学习伴侣不仅可产生效用，还可以产生愉悦，因为他们可以互相激励，互相帮助。学习小组建立了合作的学习机制，营造了合作探究的氛围，能充分调动学生参与学习的积极性。

科学组建学习小组是合作学习活动顺利开展的前提。教师遵循"同质结对，异质编组，组间平行"的基本原则，根据学生的认知水平、兴趣爱好、个性特征和需要进行组内异质、组间同质的分组。组内异质，有利于同学间相互帮助，有利于合作精神的培养；组间同质，有利于小组间进行竞争，有利于进行小组评价，促进学习共同体的形成。

小组组员既有合作又有分工。组内的每个学生都有明确分工，分别有负责记录、讲解、汇报的，每个角色都有好听的名字，诸如汇报主任、鼓励队长、书记、组长等。小组成员发挥各自才能，互帮互助，共同进步。

对小组进行动态组合。铁打的营盘流水的兵。小组管理也是这样，每个小组都有自己与众不同的"组文化"：名称、组徽、口号、目标等，这些可以固定不变，而小组成员的角色是可以轮换的。小组成员也可以组间调整，按活动主题的需要可进行自由组合。这不仅使学生有新鲜感，激发了学生参与合作学习的兴趣，还给每个学生提供了发展的机会，提高了小组合作学习的质量。

2. 立足课堂积极探索，形成有效的实施小组合作的策略

为了给学生搭建"互动"的平台，学校在课堂教学中积极实践、勇于探索，形成了一些方便实用的策略。

①"小先生制"教学。"小先生制"也就是教师培养小助手，实现"兵教兵"，让学生教学生。班级"小先生"给全班同学讲，小组"小先生"给组内同学讲。"小先生"作为教师的小助手教会了教师照顾不到的学生，也让自己对所学知识的理解更加深刻。

②"助教制"教学。"助教制"教学是指课堂上的教师并不只有一个，班主任、家长、听课教师都可以参与课堂教学指导，成为课堂的助教。只要他们有时间，随时都可以进课堂。

③"分合式"教学。充分利用主教室和副教室这两个教室，根据教学需要适时选择分与合的组织形式。比如，合时是一个40人的大班，全班一起学习"立体图形的分类"；分时就成了两个只有20人的小班，一部分学生在主

教室学画立体图形，另一部分学生在副教室学捏立体图形，学生人数减少了，更便于教师辅导，学生学习效果更好。

④课堂即时评价。教师用准确而富有个性的语言进行即时评价，激励学生积极思考，大胆尝试；教师密切关注学生的思想动向，倾听学生的心声，灵活运用教学机智调控课堂。

⑤两支红笔进课堂。教师携带一支红笔进课堂，在学生练习时间进行现场批阅，及时反馈。每名学生准备一支红笔，出现错误，立即改正；组长还可用红笔给小组其他同学批阅。

⑥用好白板。每个小组配备一个白板，检查、练习环节可以让每组同一层次的学生在白板上书写；有难度的讨论或发散性问题以小组为单位将观点写在白板上，之后将白板置于前面黑板上进行展示，这样有利于开展小组竞争，调动学生学习积极性。

⑦用好计时器。学生自主学习、小组讨论、课堂练习、当堂检测等环节都设定适当的时间要求，以培养学生的时间观念，提高学习效率。

⑧用好小组评价表。课堂上对每个小组合作学习的成果和小组成员的表现都及时评价并用小组评价表呈现。这样做，一方面以评价保证学习过程的高质量；另一方面通过评价小组促进学习共同体的形成。

3. 勇于实践创新，构建小班化课堂学习新模式

结合小班化课堂教学和小组合作学习的特点，学校最初尝试了"创设情境、激发兴趣—小组讨论、合作探索—展示交流、总结评比"三步骤的小组合作学习模式。通过教学实践发现：小组合作学习之前，每个学生的自学和思考很重要，能够保证合作更有效；小组合作学习之后，每节课都要对学生的学习情况进行检测，有助于巩固学习内容，提高课堂效率。因此，自2014年9月始，学校形成了"创设情境、激发兴趣—自主学习、独立思考—小组讨论、合作探索—展示交流、教师点拨—拓展提高、检测总结"五步小班化课堂学习模式。

图 6-2-3 在五彩联盟区域研讨活动中展示小组合作学习课堂

二、小组合作学习让学生收获自信和成功

通过三年多的实践，胜利八中初步探索形成了小班化教育背景下的关于小组合作学习的小组建设、实施策略及评价的有效做法，构建了课堂教学新范式。

"教好每一个学生"是小班化教育的基本目标。为达到这一目标，学校努力做到"四个百分百"：上课关注百分百，小班化课堂中采用小组合作学习，教师在每一节课关注每一个小组、每一个学生，通过认真倾听，捕捉每一个小组、每一个学生的信息，并给予反馈指导，开展有针对性的教育教学活动，体现了教育公平，落实了小班化教育核心理念；课堂互动百分百，小班化课堂中采用小组合作学习，大大提高了师生互动、生生互动的机会，让百分百的学生参与学习互动，让其更好地掌握知识技能；练习面批百分百，小班化课堂中采用小组合作学习，教师一对一、面对面地给学生批改作业，或者通过教师批改"小先生"的，"小先生"批改组内同学的，教师再检查的做法，发现问题，马上讲解，当场订正，使小班学生的知识学得更扎实；展示百分百，小组讨论的成果、个人独到的见解、写好的作业、收集的资料、画好的图画、做好的手工，学生们都有展示的机会，教室内外、走廊各处的墙壁上，到处是学生的作品，学生作品已成为校园最亮丽的风景。

小组合作学习实现了课堂教学由"教"为主到"学"为主的转变，由"师"为中心到"生"为中心的转变。学生通过开展小组合作学习，学习积极性和学习成效显著提高，合作意识和能力逐步发展。每个学生在自主学习的基础上，在师生互动、生生互动中，自主学、合作学、研讨学、展示学，实现主动发展和快乐成长。

图6-2-4 学校承办胜利教育管理中心小班化教育教学经验交流现场会

三、基于核心素养培育的解析

核心素养是育人目标的综合提炼。小组合作学习让学生真正成为课堂的主人，这样有助于培养学生的核心素养。

1. 小组合作学习培养了学生勤于思考的习惯和独立思考的能力

传统教学中学生的思考多是被动的，在很大程度上被教师的思维和教学活动所束缚，思考时间、思考的深度和广度都受到一定的限制。小组合作学习突出了学生的主体地位，把学生推到了活动的前台，为学生独立思考开拓了空间。

独立思考是小组合作学习的前提，学生要参与合作探究，就要有自己的见解和前认知能力作为基础，个体的独立思考是无法由别人或小组来代替的。只有在独立思考达到一定程度的基础上开展小组合作学习，学生才能真正参与其中，充分交流分享。

明确的组员分工也促使学生去独立思考。负责记录的学生，就要思考怎样把每个同学发言的要点记下来；负责讲解的学生，就要思考怎样讲解，大家才能听明白；负责汇报的学生，就要思考怎样把大家的发言概括起来，并用简洁的语言向全班汇报……每个人都有不同的任务，不同的问题，都需要独立思考，才能独当一面。

组织学生合作学习之前给予学生充分独立思考的机会，让每个学生都拥有自己的一片思维天空，这时的交流才是体现个人创造性的高质量的交流。学校提炼小组合作课堂学习范式，把原来三步骤细化为五步骤，增加的"自主学习、独立思考"这一环节，给学生留出充足的独立思考时间，让学生在合作之前自己先去思考探索。学生学习能力不同，自然会产生不同的见解和困惑，这样小组合作答疑解惑就做到有的放矢、高质高效。

2. 小组合作学习使学生充分享受学习过程，体验学习乐趣

著名教育家叶圣陶提出，教任何课，最终目的都在于达到不需要教。假如学生进入这样一种境界：能够自己去探究，自己去辨析，自己去历练，从而获得正确的知识和熟练的能力，就是理想的境界。小组合作学习正是引导学生一步步地向"理想的境界"前进。

一是创设积极主动的学习氛围。学校不仅创设了温馨励志的校园文化和班级文化，更注重富有特色的学习小组文化建设。在小组活动中，同伴的支持和启发、老师的关怀与鼓励以及共同的学习愿景，都是激励每个组员努力学习的巨大力量。学生取得的每一点进步都会让其获得成功的乐趣，这无疑极大地激发了学生的学习兴趣。教师创设情境，以有趣的问题导入，引导学生从日常生活中发现问题，探索日常生活和自然现象中的科学道理，并鼓励学生运用所学的知识解决生活中的问题，使学生感到学科知识的价值，对学习保持浓厚的兴趣。

二是创新科学有效的教学策略。通过采用"小先生制"、使用白板等有效的小组合作学习手段，调动学生的学习积极性，吸引学生主动地参与教学过程，使学生在动脑、动口、动手中探究质疑，体验成功的快乐，让学生实现由"苦学"向"乐学"的转变。

一位地理教师在课后这样总结自己的课堂教学："小组合作学习，常会收到意想不到的效果。在学习人教版八年级下册区域地理关于长江三角洲的内容时，针对'河流对区域发展的影响'展开小组讨论，学生讨论十分热烈，总结的内容丰富多样，学生想到了生活中和生产中的用水，还联想到了长江三峡的壮观，以及水污染产生的恶果，有的学生还联系到历史上的四大文明古国和当今我国的'一带一路'倡议。学生的想象力和创造力超乎想象，归纳的结论让我惊喜。"

三是教会学生在学习上下功夫。授人以鱼，不如授人以渔。苏霍姆林斯基也明确指出，要教会儿童学习。教师在教学过程中教给学生学习方法，教会学生学习，比教给学生知识更重要。小组合作学习既注重知识的传授，又重视学生学法的指导。五步骤课堂学习范式中的第二个环节是"自主学习、独立思考"，在学生独立学习之前，教师引导学生围绕学习目标和学习重点去思考探究。教师一般会先出示学习目标，或设置导学提纲，对每一个具体的目标，也提供材料和学习思路，在"学什么"和"怎样学"两方面加以引导；在"小组讨论、合作探索"教学环节中，引导学生找寻事物之间的内在联系，掌握寻找事物之间联系的学习方法；在"展示交流、教师点拨"教学环节中，启发学生举一反三、触类旁通。学校还开设了学习方法指导课，结合学生的年龄、心理特征、个体学习情况和家庭教育等因素进行有针对性的学法指导，通过传授、点拨和启发使学生逐步领悟、掌握科学的学习方法，实现由"学会"向"会学"的转变。

3. 小组合作学习提高了学生自我管理能力，促进了学生自主发展

小组合作学习的主要特征是以讨论的形式研讨某个问题的解决方案，这种学习方式要求学生融入小组之中，并不断调整自己，解决面对的一系列问题，如怎样和小组同学打成一片，怎样处理和同学的关系。同时，还得注意一些不能忽视的细节，如什么时候向前看黑板，什么时候面对面坐着，什么时候和同学讨论问题，怎样选择机会发言，怎样进行组员互查，怎样记录小组讨论结果等。在解决这些问题的过程中，学生慢慢地学会了自我教育和自我管理。

①开展针对性训练。针对小组合作学习中组员不听对方发言、互相打断发言等行为，全班共同制定谈话规则来开展训练。这些规则有：认真倾听对方说话；耐心等待对方把话说完，不打断对方发言；接纳每一种观点和想法；不嘲笑他人；运用得体的交流方式；向他人求助，也给予他人支持；表达自己观点前，应提及前一位发言者的发言内容等。规则制定出来以后，还经常提醒学生"注意看着对方的眼睛""认真听对方的发言""注意彬彬有礼地交谈""注意控制说话的声音"……经过长期反复的训练，学生渐渐学会了合作。

②以评价促进自我管理。学校制定了《胜利八中合作学习小组建设实施

方案》，在日常课堂教学中进行多元评价，在期末依据该方案评选优秀合作学习小组、优秀组长、优秀组员。对评选出的优秀个人和优秀小组，学校在大会上表彰，获奖者的照片在宣传栏内张贴，起到了很好的榜样示范作用。

③小组合作学习促使学生在自我管理中开发潜能。在合作学习中，学生慢慢地在竞争与合作之间找到了平衡。学校还将这种合作模式从自主学习延伸到自我管理，学生在卫生、纪律、文明礼仪上都提高了自我要求，他们开始意识到自己的行为会对小组产生影响，懂得对小组负责、对班级负责。学生的团队意识和责任感在慢慢增强，这种改变促进了学生核心素养的养成。

〔案例三〕 **学会合作，让每个学生都乐学善学**

丽景小学从教育要培养社会所需要的人和促进人的全面发展出发，致力于改变学生被动的学习方式，让学生成为学习的主人。在充分吸取国内课堂合作学习模式改革经验的前提下，学校积极探索小班化"快乐高效"课堂模式，明确小组合作学习的基本规则，激发每一个学生合作的主动性，进一步提高小组合作学习的有效性。

一、合作学习的实施要领

合作学习是指学生以小组为单位，通过合作、协作，共同完成学习任务，共同达成教学目标，让每一个参与合作学习的主体都能获得成功的体验。

1. 科学划分小组

实施分组合作学习之初，学校采取"异质同组"的策略，每个小组均兼顾不同能力特长的学生，每组5~6人，形成 AA、BB、CC 结构。同质者要两两结成对子，对子之间既是竞争者又是互助者。

合作学习不等于步调一致，不等于齐头并进，合作学习必须要有"领跑者"。领跑者适当地保持领先地位，有利于调动其他学生的潜能，增强学习实效。动态确定领跑者并使其成为别人的追赶目标，是组织分组合作学习过程中的一项重要工作。小组内由教师指定或定期选举正副组长，负责组内学习、活动、检查、监测、考核等组织工作，保证本小组合作学习的正常运转。

2. 培养合作学习技能

学生合作学习的技能需要经过培养才能形成。这种技能可在实施小组合作学习时集中培训，更重要的是在具体学习过程中，将合作技能培养目标与知识性学习目标一起达成。

3. 教师指导小组合作学习

小组合作学习应具备"自主、合作、快乐、高效"的基本特征，其中以下几个环节与过程是必备的：明确任务目标；学生自学、自思、自练；小组成员之间互相交流、展示学习情况，讨论、辩论，互帮互学；教师点拨、指导、概括、总结，进行"三讲"；训练、检测、反馈；各小组介绍或交流学习成果、体会；生成新目标；等等。在这个过程中，要突出学生主体地位，让学生充分自主学习、自主活动，重视生生互动，让每个学生在小组内增加表现的机会，只有这样，才有可能让全体学生真正动起来。小组合作学习的实施，不仅提高了学生的语言表达能力，增强了学生的竞争意识、合作意识、善待他人和倾听别人意见的意识，更锻炼了学生的思维能力和解决问题的能力。

4. 采用小组合作学习评价

①捆绑式评价。合作学习的评价以小组集体捆绑式评价为主，根据不同的评价目的，可灵活选择二人捆绑、四人捆绑或整个小组集体捆绑等形式。同时，每天根据学生对小组成绩的贡献和在组内影响力的大小评选最佳组员，根据各小组表现评选最佳小组，对最佳组员和最佳小组进行奖励。

图 6-2-5　多元评价——每个孩子都有闪光点

　　②即时评价。即时评价是当场对学生个体或小组集体的学习情况进行相应评判，是一种有效促进教学目标实现的教学手段。为了激发学生与学生之间、小组与小组之间的竞争意识，学校采用了课堂分组合作学习即时评价方式，其作用有四：一是适时对学生的学习态度、精神状况，以及声音、形体、语言等因素进行评价；二是准确评价学生知识点的掌握和运用情况，使学生建构起相应的知识体系；三是及时树立个体或集体典型，为其他学生或小组确定追赶目标；四是及时记录每堂课中学习处于领先位置的学生或小组，对表现突出的学生或小组予以表扬或奖励。

　　经过一段时间的实践，有的老师说："谁用好了即时评价，谁就拥有了小班化教学的高效课堂。"即时评价将评价与竞争有机结合，成为合作学习的"助推器"，为小班化高效课堂提供用之不竭的动力。

二、合作学习促教师、学生双主体发展

合作学习从教学论意义上说，有助于学生快乐高效的学习；从社会意义上说，有助于培养学生认识人、理解人、支持人、关心帮助人、与人合作共事的意识与能力。

合作学习已经成为丽景小学小班化课堂最亮丽的风景。从学生层面来说，首先，通过合作学习，学生不仅取得了更好的学习效果，而且自信心也明显增强。学生在班内敢于发表自己的意见，敢于展示自己小组的成果，语言表达能力明显提高。学生能主动走上讲台为同学们讲解疑难问题，尤其是在语文和英语的课堂上，同学们有说、有唱、有演，真正成了课堂的主人。其次，学生搜集、整理、归纳、运用信息的能力也明显增强。再次，通过轮换担任小组长，学生的组织协调能力得到锻炼。总之，合作学习的形式，发展了学生的主体人格。从教师层面来说，通过指导学生开展小组合作学习，一方面促进了教师教育观念的转变，提高了教师的专业化水平，提高了其对实施教育改革的重要性和紧迫性的认识；另一方面也调动了广大教师参与教科研的积极性，提高了教师科研能力。

图 6-2-6 小班化课堂——快乐学习

三、基于核心素养培育的解析

1. 合作学习有利于培养学生的社会参与意识，使学生更好地适应社会

学生是未来的社会成员，必须具备社会人的主体性。当学生进入班集体时，就已进入了一个特定的小社会，他们必须在集体中发挥个人的能动性，在获得集体的帮助和服务集体的活动中，使自身得到发展与提高，从而适应这个小集体。小组合作学习，首先使学生在小集体中有参与意识，逐步过渡到在大集体中有参与意识，从而使学生能够更好地参与社会，成为有责任、有担当的公民。

①创造了学生相互认识、相互交流、相互了解的机会。在合作学习中，学生学会了把自我融入集体之中，小组的成员一起学习，一起活动，强化了集体意识。

②培养了学生善于听取别人意见的良好品质。要想更好处理社会与自我的关系，能与别人密切交往，其中重要的一点就是对他人能热心帮助，真诚相待。通过小组合作学习，学生认识到要想在学习上有所收获，必须做到小组成员间相互帮助，取长补短，共同提高。这种善于听取别人意见的良好品质，为他们成为社会好公民奠定基础。

③促进了学生健康个性的形成。社会心理学认为，人的心理是在人的活动中，尤其是在人和人相互交往的过程中发展健全起来的。小组合作学习提供了成员之间合作的机会，有助于促进学生健康个性的形成。

2. 合作学习有助于学生的自主发展，使每一个学生学会学习，乐学善学

《中国学生发展核心素养》中提出"乐学善学"的内涵是指"能正确认识和理解学习的价值，具有积极的学习态度和浓厚的学习兴趣；能养成良好的学习习惯，掌握适合自身的学习方法；能自主学习，具有终身学习的意识和能力等"。

①促进了学生在主动求知中发展思维。合作学习过程中，学生能够根据

学习目标主动规划和安排自己的学习，恰当地选择适合自己的学习内容和方法，对学习内容能进行独立思考。在合作学习中，学生能充分发挥主体作用，逐步形成端正的学习态度，提高自主意识，使自身的潜能不断得到开发，素质不断得到提高。

②有利于学生在合作和竞争中实现共同提高。合作学习以学习小组为基本组织形式，是一种目标导向的教学活动。合作学习将个人之间的竞争转化为小组之间的竞争，有助于培养学生的合作精神和竞争意识，有助于弥补教师难以面向每一个学生教学的不足，从而真正实现使每一个学生都得到发展的目的。在合作学习过程中，学生间互补互助，其潜能可以得到充分发挥，有助于满足学生的个性需要，增强学生自信心。

③有利于学生在探究中体验学习的乐趣。合作学习中学生在学科领域内或现实生活情境中选取某个问题作为突破点，在调查分析、解决问题的过程中必然要进行探究活动。无论是完全探究还是部分探究，无论是自主探究还是指导探究，都少不了学生的实践体验。合作探究学习强调的是让学生有机会体验探索、学会创新，并逐步形成有一定价值的直接经验，而且这种对新事物深入探究的精神，会使学生的实践能力和创新能力得到更进一步发展。

3. 合作学习有助于丰富学生人文底蕴

①合作学习要求学生围绕同一主题进行深入探究，由于不同学生的认知发展水平和思维建构程度及看待问题的视角不同，必然导致其对同一问题的认识存在差异，而这也为小组成员间的深入合作提供了前提。

在合作学习的具体过程中，小组成员会依次呈现并阐释自己对问题的独到见解，彼此之间以头脑风暴的形式集思广益、取长补短、优化整合，在激发思维、活跃思想的同时不断改进、丰富并完善自身的认知结构，实现对问题的全面理解和深入把握。

②合作学习小组本身就是一个学习共同体，其中必然存在着特定的组织规则和相应的任务分工（如组织者、记录员、发言代表等），学习过程要求

不同成员各司其职，各尽其责，但又为了达成共同的目标而精诚协作。

在合作学习中，首先要求学生自学，学生必须认真思考问题并形成相关认识，为了阐明自身观点，还需要具备良好的语言表达能力。为了确保合作学习的有效开展，小组成员应掌握合作的方法技巧，具备一定的组织协调能力和沟通交流能力。

③对于不同成员相异乃至相悖的观点，小组成员需要学会彼此欣赏接纳和理解宽容，进而活跃自己的思维、丰富自己的想象，生成对问题的创见。因此，合作学习有助于培养学生良好的人文底蕴。

丽景小学采用小组合作学习的方式，让师生、生生之间能够全方位、多层次、多角度的交流，使小组中每个人都有机会发表自己的观点与看法，也乐于倾听他人的意见，使学生感受到学习是一件愉快的事情，从而满足学生的心理需要，并最终达到学生爱学、会学、乐学的目标，促进学生核心素养的形成。

〔案例四〕　　**"四六"百分百小班课堂，让学习成为学生的生命自觉**

利津县第一实验学校在推进小班化教育改革的过程中，立足实际，积极构建了"四六"百分百小班课堂教学模式，学校也经历了一个从课堂建模、广泛推模到逐渐出模的过程。

一、"四六"百分百小班课堂教学模式的建构

随着小班化教育试点工作的不断深入，学校各班级学生人数得到了有效控制，教学设施日益完善，新的课堂观、学习观不断深入人心。为了使每一个学生充分分享各种教育资源，有更多的机会作为学习主体参与学习，有更多时间与教师交往沟通，学校以合作学习、展示交流和激励评价为主要形式，积极构

建了"四六"百分百小班课堂教学模式。"四"指四个百分百教学理念，即百分百关注、百分百参与、百分百激励、百分百进步。"六"指六个教学环节，即目标导入、自主学习、合作探究、展示交流、当堂达标和总结评价。

1. 目标导入≤4 分钟

了解学生、研究学生是落实"四六"百分百小班课堂教学的前提，也是课堂教学的出发点。教学不是始于盲目地教，而是始于测量学生知道什么和能够做什么，教学是在这些信息的基础上设计的。当学生走进课堂之前，已经有什么兴趣和需要、情感和态度、知识和技能、方法和习惯等，作为老师要有准确的把握，并能根据学生的个体差异，分层确立教学目标，优化教学设计，让课堂教学更有效。

步骤一：学前检测。利用学习单检测，或者小组内交流，达成共识：已会的、基本会的、不会的。在此过程中确保学生百分百参与检测或在小组发言一次。

步骤二：目标共建。根据学习单批阅情况或课前交流诊断，师生共同明确本节课的学习目标，即基础性目标和发展性目标。

2. 自主学习≤8 分钟

孔子曰："不愤不启，不悱不发。"最好的学习是自学，一切有效的教学都是在自学基础上展开的。学生是课堂的主体，要充分尊重学生的主体地位。课堂的重点不在讲，而在于引导学生去体验，引导学生主动地获取知识。引领学生通过实践来获得能力的提升。只要学生能学会的，就让学生自己去学习；只要学生能思考的，就让学生自己去思考；只要学生能自己得出结论的，就让学生自己去总结。所以，教师首先要做的是，教会学生自主学习。

步骤一：选择内容。根据学习目标，确定学习内容，提示学习方法，规划学习时间，设计检测方式，并使全体学生达成共识。

步骤二：自主学习。学生根据自学要求，利用一切可利用的辅助资料，采用独立思考、实践操作等形式自主学习。此过程要求学生百分百参与。教师巡视指导，对学生的学习内容、学习方法、学习习惯、学习态度等要做到百分百关注，对于个别学生还要给予特别关注。

图 6-2-7　百分百参与下的小组合作学习

3. 合作探究≤8 分钟

采用对学或组学的形式，主动地对自学中遇到的难点、疑点进行交流探究，教师要注意对合作学习技巧的指导，确保全体学生都能参与合作，特别注意引导学生在组内认真倾听、积极思考、相互补充、及时纠正错误，在质疑探究中培养学生发现问题和解决问题的能力。

步骤一：组内交流。要求所有学生都要展示自己解决问题的方案，同学之间可以互相对比解决问题的策略，对争议性问题进行探讨，逐步补充完善，形成小组意见。此环节要求学生明确分工，人人参与，学生在组内百分百展示。

步骤二：问题汇总。对小组学习中存在的难点、疑点或有价值的问题进行汇总。此环节教师要巡视，了解小组学习情况，收集暴露的问题并及时分类，计划小组汇报次序，力求最大程度暴露学习中存在的问题及错误思维。

4. 展示交流≤12 分钟

教师要创设充满关爱、尊重且积极向上的安全的课堂氛围，引导学习小组整理汇总合作学习后存在的共性疑难问题，并根据学习目标和疑难问题，及时组织交流，让学生在思维碰撞中自主理解知识并获得技能。要特别留心课堂中学生思维碰撞产生的火花，观察这些思维火花是如何激发学生的学习的。同时，还要求生生之间或师生之间及时点评，学生可以以不同的学习方式参与课堂，确保所有学生都受到教师关注。

步骤一：小组汇报。小组代表展示组内学习成果，提出小组学习的难点、疑点等。教师组织其他小组对汇报小组的成果及问题进行质疑探究、补充完善。

步骤二：精讲点拨。教师对全班暴露的共性问题进行精讲点拨。精讲时语言要简练，要讲思路、讲方法，讲重点、讲疑点，要注意发展学生思辨能力，及时归纳学习方法。

图 6-2-8　基于学生个体发展的百分百课堂关注

5. 当堂达标≤5 分钟

教师的教、学生的学以及学习效果的总结反馈是一节课最基本的三个要素，其一致性与否直接决定课堂教学的成效。因学生个体的知识储备、学习能力、学习习惯等存在差异，每个学生的课堂学习效果也不尽相同。教师要根据教学目标及学生实际情况，低起点、多层次设计当堂达标习题，并要求当堂限时完成习题。教师要巡视学生的作业完成情况并及时给予反馈，努力使每个学生在知识与能力、过程与方法、情感态度与价值观等方面都能获得发展，都能差异化达标。此环节要求学生百分百达标，学生百分百得到表扬或激励性评价。

步骤一：分层达标。分层作业，限时完成。教师要给予不同学生（小组）不同关注。

步骤二：当堂反馈。对于达标学生给予表扬性评价，对于不达标的学生给予激励性评价和引导，并采用组内互助的形式辅导，确保学生百分百得到表扬或激励性评价。

6. 总结评价≤3分钟

在分层达标基础上，结合教学目标及课堂教学情况，采用自我评价、小组评价及教师评价相结合的办法，给予学习小组或个体全面综合的评价。评价以针对性、导向性和激励性为主。评价过程中引导学生或小组总结学法或经验，引导学习或研究向纵深发展。

步骤一：课堂小结。引导学生从新知识的获得、能力的提升、学习方法的经验总结等方面汇报学习收获，并阐释由学习带来的新疑惑或新问题。

步骤二：师生评价。组织学生、学习小组开展生生评价、师生评价。

二、"四六"百分百小班课堂让学习成为学生的生命自觉

1. 百分百课堂促进了学生全面而富有个性地发展

利津县第一实验学校构建"四六"百分百课堂的过程，是创新学科教学模式的过程，其教学过程的四个理念和六个环节，将学生的自主学习和合作学习放到了一个更重要的位置，使学习成为学生的生命自觉，促进了学生全

面而富有个性地发展。主要表现在以下方面。第一，学生主体意识明显增强。百分百课堂使学生主体地位更加突出，师生互动、生生互动更加频繁，更有利于培养学生的主体意识。第二，学生合作能力得到了提升。百分百课堂提高了学生之间的活动频率，让学生有更多的机会处于活动的中心地位。课堂真正成了学生合作交流的场所，学生们在互动合作中张扬个性，发展潜能。第三，学生创新思维更加活跃。百分百课堂采用多种方式激发学生创新思维，通过学习，学生变得更有创造力，更有探索精神。

百分百课堂让学生充分分享各种教育资源，有更多的机会处于教学活动的中心地位，有更多时间与教师交往沟通，得到了更多个性化教育和优质教育的机会。百分百课堂也给每个学生提供了施展能力的空间和表现自我的舞台，树立起了学生的自信心。近年来，学校教育教学质量连年攀升，多名学生在全市的小实验、小发明、小制作比赛中获得一等奖；在全市组织的"读书成才"活动中，学校多次获得优秀组织奖；在全县大课间展评活动中，获学生花样跳绳团体总分第一名；2014年学校获得"山东电视台少儿春节联欢晚会最佳组织单位奖"；2016年，学校推选的民乐合奏《茉莉花》获省器乐比赛东营赛区一等奖；等等。这些成绩的取得也都得益于百分百课堂在学校的全面实施。

2. 百分百课堂革新了教师的教学理念，提升了教师的教学水平

百分百课堂是素质教育的新探索，它的实施是对教师提出的全新挑战。百分百课堂的构建也促进了教师开展校本研究。全校教师积极学习小班化教育理念，探索百分百课堂实施的方法和策略。近年来，学校在"'四六'百分百小班化课堂教学范式的构建与运作研究"总课题的引领下，各教研组结合学科实际，确定子课题展开研究，并取得一批可喜的成果：学校承担的东营市六个小班化教育专设课题进展顺利，均已于2016年8月成功结题；在全县中小学小班化教育试点学校优质课评选活动中，学校有8名教师获一等奖；《学习单：小班化课堂改革的助推器》等十几篇文章，在省市级报纸杂志上

发表；省市教育电视台先后对学校的小班化教育试点工作取得的阶段性成果，进行了专题报道。

三、基于核心素养培育的解析

学校实践的百分百课堂，是以每个学生的基础作为教学设计的起点，以每个学生的课堂反应作为教学流程的依据，以每个学生的进步作为教学追求归宿的课堂。百分百课堂不仅使教师把已形成的小班化教育理念真正转化为具体的、可见的教学行为，而且也真正把"教"还给了"学"，激发了学生学习的乐趣，培养了学生良好的学习习惯，使学生真正成为学习的主人，从而实现了小班化课堂教学效益的最大化，为落实《中国学生核心素养》之"乐学善学"这一核心目标提供了有利抓手。

1. 百分百课堂端正了学生学习态度，激发了学生浓厚的学习兴趣

"知之者不如好之者，好之者不如乐之者。"教育心理学研究表明：人的情绪和兴趣，对人的认识活动有很大影响。兴趣是最好的老师。对比以往大班额条件下的集体授课，老师面对着"大多数"，总有一部分学生作为"陪课"坐在教室里。然而，小班化条件下的百分百课堂，因学生人数少，让大班额条件下"做不好"和"做不了"的事情成为可能。老师积极共情下的全员关注、全程关注、有效关注成就了小班化课堂的每一个孩子。

正如在学校"我的教学策略"金点子交流会上刘老师说的那样："百分百课堂上提前预约的精彩成就了每一个孩子。"刘老师讲了这样一个故事：他们班上有一位叫小语的学生，老师提问，他不回答；同学质疑，他不思考；作业展示，他处于劣势；质量监测，他不合格；课堂学习中没有信心，久而久之，厌学弃学成为必然。自从实施百分百课堂教学后，老师给予了他特别关注，并悄悄预约他在第二天的语文课堂上为同学们背诵课文。当第二天的语文课进入当堂达标环节时，老师特意请了小语来背课文。小语因课下准备充分而表现精彩，博得了同学们的掌声。自此以后，小语精神焕发，并开始积极学习。在老师的特别关注下，如今小语凭借个人努力已荣升为其所在小组的学习组长。在百分百课堂上，像小语一样受到老师特别关注的学生有很多，收到老师"预约作业""预约助教""预约发言""预约评价"的学生举不胜举，他们都获得了不同程度的进步。基于百分百关注下的"预约"，成就了小班化课堂上的每一个孩子。

教师预约学生、学生预约学生共同走进课堂，走进文本，在一个互相信任、积极向上的互动模式中，每一个学生都是灵动的、唯一的。全体学生在教师的赞赏下，相互欣赏，相互支持，相互补充，同时亦不断自我成长。通过刻意设计的教学计划、流程和评价，学生的潜能得到了很好发挥，他们以一种积极向上的态度全身心投入课堂学习中。百分百关注下预约的精彩，端正了每个学生的学习态度，激发了每个学生的学习兴趣。百分百课堂，让学习成为学生的生命自觉。

2. 百分百课堂使学生养成了良好的学习习惯，掌握了适合自身的学习方法

百分百课堂是"关注每一个"的个别课堂，是"发展每一个"的互动课堂。老师根据学生个体基础知识、学习方法、学习习惯和学习能力等方面的差异，不断优化教学环境，把握课堂教学底线，保证课堂教学质量，百分百给予关注，百分百进行激励，注重学生学习习惯的培养，培养学生"学会学习"的能力。

百分百课堂的教学特色不在于知识的传授，而在于激励、唤醒和鼓舞。在大班额课堂教学实践中我们发现：学生缺乏自主学习的习惯，学习过程中仅满足于听懂、会做、会考，没有主动预习、认真探究、系统复习等习惯；学生还存有应付的通病，通常表现为懒于思考、作业拖拉、检测作弊等不良习惯。百分百课堂培养了学生勤学好问、独立思考、探究体验、合作学习等良好学习习惯，并使好习惯贯穿学生的学习过程，塑造和培养着学生一生的品格。

传统的教学评价标准存在着较大的局限性，以"是否完成认知目标"限

制了教师对学生认知能力以外的其他能力发展的关注；"丝丝入扣"的教学环节严重束缚了教学过程的灵活性和变通性；"样样俱全"的所谓优秀课，常常使教学忽视了学生学习中的实际需要。百分百课堂下的百分百激励把每个学生全面而富有个性的进步和发展作为教学追求的最终归宿，使习惯成自然。

3. 百分百课堂使学生学会了自主学习，具备了终身学习的意识和能力

多元智能理论认为：学生学习困难实际上属于潜能尚未得到有效开发，只要找到开发潜能的有效方法，把智力因素与非智力因素优化为学力，每个学生一定都可以成为学业优等生。学校实践的"四六"百分百小班课堂教学模式，让学生百分百完成预习，百分百提出目标，百分百暴露问题，百分百参与活动，百分百表达收获，百分百激励评价。百分百课堂为每个孩子搭建了发展能力的平台，创设了能激发学习兴趣的情境，发展了他们的各项智能。

百分百课堂的六个教学环节，有助于学生养成良好的学习品质、改进学习方法、培养学习习惯和人际交往能力，使学生学会自主解决学习中遇到的问题，为学生的终身学习和发展打下良好的基础。

综上，基于小班化教育条件下的百分百课堂，树立了"以学为者中心"的科学观念，确立了教学工作必须服务和服从于全体学生自我发展、自主学习的科学理念，构建了新型师生关系，为学生创造了自由、平等、信任、合作的学习环境，激发了学生的学习兴趣，培养了学生良好的学习习惯，真正使学习成为学生的生命自觉。

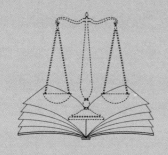

第七章

唤醒与成就：
评价的力量

　　教学质量评价具有重要的导向作用，是教育综合改革的关键环节。推进中小学教育质量综合评价改革，是推动中小学全面贯彻党的教育方针、全面实施素质教育、落实立德树人根本任务的重要举措，是引导社会和家长树立科学的教育质量观、营造良好育人环境的迫切需要，是基本实现教育现代化、加强和改进教育宏观管理的必然要求。

　　改革开放特别是 21 世纪以来，随着基础教育课程改革的实施，各地在改进中小学教育质量评价体系方面进行了积极探索，取得了一些进展。但由于多方面的原因，单纯以学生学业考试成绩和学校升学率评价中小学教育质量的倾向还没有得到根本扭转，这严重影响了学生的全面发展、健康成长，制约了对学生社会责任感、创新精神和实践能力的培养。要解决这些突出问题，适应经济社会和教育事业发展的新形势新要求，必须大力推进中小学教育质量综合评价改革。

第一节 小班化教育的学生评价

一、迎接"绿色评价"时代的到来

2011 年，上海在我国率先试行"绿色评价"，并提出了有利于提升义务教育质量的"绿色评价"体系，推出了 10 个"绿色评价"指标，推动了教育质量评价改革。2013 年 6 月颁布的《教育部关于推进中小学教育质量综合评价改革的意见》提出要将学生的品德发展水平、学业发展水平、身心发展水平、兴趣特长养成、学业负担状况等方面的 20 个关键性指标作为评价学校教育质量的主要内容，希望切实扭转评学生看分数，评学校看升学率的局面。该意见的出台，意味着我国中小学教育进入"绿色 GDP"时代。其变化体现在三个方面：一是将评价建立在大量数据的科学分析基础上，改变主要依靠经验和观察进行评价的现状；二是注重考查学生进步和学校努力，不再只看结果不看过程；三是注重促进学校质量内控机制，不再过于依赖外部评价。这个新型"指挥棒"，把"分数独大"换成了注重人的全面发展。

二、建构适合小班化教育的评价制度

评价不仅仅是诊断，更重要的是解决教育教学的实际问题。小班化教育倡导建立绿色评价系统，即评价要促进人与社会、自然的和谐关系，促进学校与社区、家长的协同发展，以及师生的共同成长。要着力追求教育的内涵发展，促进学校的特色发展。要以建立小班化教育学科教学评价体系、多元学校发展体系、发展性教师评价体系和学生评价体系为重点，完善小班化教育生态评价制度建设，达成教育评价的多元化，形成以人为本的人性化教育评价体系。

1. 评价目的的发展性

发展性教育评价思想是一种依据目标、重视过程、及时反馈、促进发展的形成性评价，主张在宽松的环境中促进评价对象自觉主动地发展。要充分发挥评价促进发展的功能，使评价过程成为促进教学发展与提高的过程。教育评价的根本目的是更好地提高学生的综合素质和教师的教学水平，为学校实施素质教育提供保障。

2. 评价主体的多元化

绿色评价系统要求将评价主体从单向转为多向，增强评价主体间的互动，建立学生、教师、家长及社会各界共同参与、交互作用的评价制度。根据不同的评价目的，要将使用不同评价方式所得到的评价结果进行整合，形成一个客观的评价。这样的评价真实、有效，能真正促进学生的发展。

3. 评价内容的综合化

绿色评价系统的评价内容是综合的，重视知识以外的人的综合素质发展，尤其是注重学生的创新、探究、合作与实践等能力的提升。要注重评价客体的差异性和多样性，根据评价对象的实际状况，制订不同的发展目标，努力用具有全面性的评价内容，对师生和学校进行全方位、全过程的评价。

4. 评价方式方法的多样化

小班化的教育环境为评价方法的多样化提供了有利的条件。要尽量通过直接考查学生群体的发展情况来评价学校的教育质量，通过多种渠道、多种方式进行开放性的评价。鼓励学生之间、师生之间互评，并特别强调自我评价的作用。要充分利用学生成长记录、学业水平考试、基础教育质量监测等手段对学生进行评价。

5. 评价标准的个性化

小班化教育评价尊重生命个体的价值，针对不同的评价对象，确立不同的发展目标和评价标准，关注评价对象的差异和发展的不同需求。要注重纵向比较，可采用延迟评价和二次评价的方法，使不同层次学生的个性得到张扬，获得成功的喜悦。

6. 评价过程的长期性

绿色评价是一种评建结合的动态过程，关注生命个体的价值体验，重视生命个体的知识建构以及在知识建构中对个体探究与创新能力的培养，是一种面向未来的评价体系。评价贯穿于从发展目标确定到发展目标实现的长期的、经常性的过程中，是评价主体与评价客体长期合作、经常切磋的互动过程，是双方共同努力逐步接近发展目标的动态过程。

第二节　实施有个性的评价

〔案例一〕个性化成长档案：送给孩子最美好的童年礼物

为了促进学生全面健康发展，让每个生命展现个性化的成长轨迹，东营市东营区英才小学开展了小班化教育条件下个性化成长档案的研究。学校在积极推进个性化成长档案建设的过程中，学生自我评价、自我反思、自我激励的能力得到提升，教师的教育教学行为更加规范，学校工作更有效开展，教师、学生、学校三方实现共同发展。

一、个性化成长档案成为评价学生的有效载体

教育评价不是衡量教育优劣的尺子，而是教育教学和学生成长的指向标。小班化教育条件下，学校以评价为抓手，为每个孩子建立个性化成长档案，注重对教育教学全过程进行评价，真实刻录每个学生个性化的成长历程，促进学生素质全面提升。

学校组织老师们深入学习小班化教育理论以及多元智能，认真研究个性化成长档案的内容设置，结合学校实际创造性增设评价元素，使评价不仅包括知识、技能方面的内容，还包括非智力方面的因素以及学生的学习方法等多方面的内容，凡是能体现学习过程、学习成果以及个性发展的内容都可以放到个性化成长档案中。

学校按照"建袋—填袋—评袋"的顺序，对个性化成长档案的内容、呈现方式等进行了有益的探索和尝试。评价内容上，学校着眼于学生的终身发

展，设计了"我的追星计划评价手册——记录学生的日常表现，成长的历程——记录学生的点滴进步，收获园——记录学生的成功一瞬，沟通与交流——记录学生的情感交流"四个板块。在个性化成长档案袋的"形象设计"上，学校强调学生的主体性和独特性，引导学生按照自己的意见和想法，自主改造个性化成长档案袋的外观。资料呈现上，学校坚持档案材料为评价服务，评价目标是为促进学生发展。评价方法上，学校从评价学生日常表现出发，根据各学科特点对学生进行分学科评价：以"争做英才之星"为依托，建立评价银行超市；使用"我的追星计划评价手册"，进行日评价、周评价、月评价和年度评价。从评价主体看，采取学生自评、生生互评、教师评价、家长评价等多元主体评价模式。教师评价采取周评的形式；家长评价一月一评；全班交流评价日常随时进行；校级交流评价采用学期制。

学校的评价探索大约经历了两个阶段。

第一阶段：分学科评价。学校根据学科本身的特点，设计不同的评价标准，全面、细致地评价学生在各科教学活动中的表现。学校立足于课堂教学，设计了不同颜色的星章及星级评价表。如学科方面采用红色星章，有"阅读星""书写星""口才星""口算星"等，从积极、合作、会问、会想、会用五方面评价学生的课堂表现。品德方面用黄色星章，主要评价学生的行为习惯。艺术方面用绿色星章，学生只要在哪个方面表现优异，就可以收获一枚星章……这些评价方法具有童趣、贴近实践，对课堂教学具有较大的促进作用。

第二阶段：建立评价银行超市。学校从学习、品德、艺术、其他方面4个维度选择与学生生活息息相关的评价内容，设计了"百星""三牌""四证"三种评价方式。百星是在学科表现、行为规范、特色发展等方面设置星章，主要记录学生一天的表现。三牌，学校把校徽设计成金、银、铜牌，学生得到星章后到评价银行储存，根据获得星章个数换取金、银、铜牌校徽奖章。四证，学生储存校徽奖牌达到一定数量后，就可以到评价

银行换英才小学今日之星、未来之星，以及能够走上学校星光大道的英才
之星证书。这种"以星换牌，以牌换证"的评价方式对学生起到了很大的
激励作用。

图7-2-1 教师对学生个性化成长档案进行评价

经过两个阶段的探索，学校初步形成了"评价主体多元，评价时间不
限，评价形式多样"的评价机制，个性化成长档案成为评价学生的有效
载体。

二、个性化成长档案全面促进学生的健康发展

1. 个性化成长档案，真实刻录学生的成长轨迹

"爷爷，您看，这是我送给您的新年礼物——我的个性化成长档案。"春节回
福建老家过年的柯步升同学喜滋滋地向爷爷介绍起了自己的个性化成长档案。
"您看，这是封面，上面写着我的班级、姓名、个性化自我介绍，还有我的个人
照片。里面是我这一年的成长经历：'三月我从这里起航''走近绿意盎然的四
月''多姿多彩的五月''快快乐乐六月天''丰收在七月''花开的九月'……

里面有我的个人才艺、爱好、作业等，还配了很漂亮的照片呢!""爷爷，您再看这里，是'收获园'，放进了我所有的获奖证书、奖状，还有我的美术作品、书法作品和优秀作业呢!"柯步升滔滔不绝地向爷爷介绍着，讲得津津有味。

个性化成长档案里的内容越来越丰富，详尽的资料真实反映了学生的成长过程，让老师、家长能够客观、合理、公正地评价每一个学生，也为学生的自我反思、自我评价、自我矫正提供了重要依据。

2. 个性化成长档案，引领学生的全面发展

"妈妈，我已经得到了'阅读星''书写星''口才星''口算星'……等拿到'合作星'，我就集齐了所有的红色学科奖章，可以到学校评价银行里换取奖牌了，您说我棒不棒?"学生李彦如一边走，一边手舞足蹈地向妈妈介绍着。学校评选了学习明星、进步明星、礼仪明星、才艺明星、劳动明星等校园明星，用"我是明星，我能行"激励英才小明星成长成才。

个性化成长档案不仅关注了学生的学习成绩，而且注重发现和发展学生的多方面潜能，帮助学生认识自我、建立自信，发挥评价的教育功能和导向作用。

3. 个性化成长档案，提升学生的自我教育能力

"上星期，我捡到100元钱，主动交给了大队辅导员崔老师。今天，在升旗仪式上，崔老师表扬了我，还为我颁发了'拾金不昧'的荣誉证书，老师们都夸我是个诚实的好孩子，我很激动，也很骄傲。"来永程同学在自己的个性化成长档案中记述道。

学校经常组织学生通过在个性化成长档案中记录心路历程来进行自我教育。学生把自己学习生活中感触较深的或影响较大的事件简明扼要地记录下来，然后进行分析反思，并制订下一个阶段的目标，达到自我教育的目的。

4. 个性化成长档案，架起家校有效沟通的桥梁

"孩子的个性化成长档案让我见证了孩子成长的历程。翻阅孩子的个性化成长档案，孩子在学校生活的点点滴滴似乎都展现在眼前，让我们能够及

图 7-2-2　学生个性化成长档案

时给予他关注、鼓励与支持。它记录下了孩子每个成长阶段的闪光点，对孩子个人来说很有价值，它是送给孩子最美好的童年礼物！"四（4）班王宇坤的妈妈说。

学生个性化成长档案的使用，使教师、学生、家长都参与评价，改变了以往只重结果，不重过程的评价方式。学生个性化成长档案有声有色地刻录了每个孩子金色童年的成长足迹和学习轨迹，为学生和家长架起了一座有效沟通的桥梁。

三、基于核心素养培育的解析

东营区英才小学借助个性化成长档案的研究，关注学生生活，记录学生成长的全过程，使学生发展核心素养的落实超越学科的界限，超越学段的界限，超越学校的界限，惠及每个学生。

1. 个性化成长档案——引领学生学会学习的指南针

学校通过搭建平台，为学生提供符合其发展的课程和活动，让每个学生做最好的自己。同时，通过个性化成长档案，多角度观察、评价、鼓励学生，记录下每个学生不一样的童年。

个性化成长档案中有"我的追星计划评价手册""成长的历程""收获园""沟通与交流"等内容，真实刻录学生学习和成长的历程，对学生的学习过程进行"跟踪式"评价。采用多元评价方式，重视对学生兴趣、情感、态度、习惯等多方面的评价，促进学生生动活泼、主动地发展。自我评价——用学生喜欢的笑脸、大拇指、五角星、水果、卡通人物等形象，让学生从中获得愉悦的感受。小组评价——通过小组合作学习，学生间的互评，使小组中的每一个成员都享受到集体带来的荣誉感，这对每个学生的进步，都起着老师和家长替代不了的作用。分层评价——对于学习困难生，寻找其闪光点，及时肯定他们的点滴进步，调动他们学习的积极性；对于中等生，既指明不足，又指明努力方向，促使他们努力向上；对于优等生，坚持高标准，严要求，促使他们更加严谨谦虚，不断超越自己。评价的改革让老师变成了神奇的"淘金者"，他们让尘封了多年的一颗颗"顽石"闪耀出熠熠金光。

学校在使用学生个性化成长档案过程中，十分重视借助评价引领学生自我反思，督促学生学会学习，自我成长。使用个性化成长档案不仅可以构建着眼于学生发展的评价体系，也能培养学生主动学习的态度、对学习负责的精神。

2. 个性化成长档案——领航学生健康生活的启明星

学生成长的过程犹如树的长高长大过程，不仅需要外界的精心呵护，也需要自身的不断努力。建立学生个性化成长档案，不是出于教育学生的目的，而是为给学生一份责任提醒、一份成长记录、一份情感支持，不断促进其

"生长"。学生个性化成长档案是学生成长历史的缩影，引领着学生不断完善自我，快乐健康地生活。

"浩飞同学，谢谢你一直以来对我的热心帮助。作为好朋友，我衷心希望你在上课时能够再专心点，这样你的学习才会不断进步。""佟鑫怡同学，你学习优秀，能歌善舞，博览群书，是我们班的'班级之星'，也是学校的'校园之星'，我要像你一样，做一个优秀的人！"这是孩子们在个性化成长档案"同学，我想对你说"交流版块中的真心告白，这些话语既表达了孩子们的心声，也让每个孩子从别人的评价中，更好地认识自我。

英才小学不仅让学生运用个性化成长档案进行自我教育，还努力让学生与同学、老师、家长等进行交流活动，引导学生正确认识自我，取长补短，实现共同进步。

学生个性化成长档案，是学生成长发展的全息投影。学校把学生成长档案作为实施学生多元评价的突破口，作为学生核心素养培育的立足点，唤醒了学生对学习的热情，让学生学会了学习，体验到了成功与成长的乐趣。

〔案例二〕　　　　星级评价，激活精彩童年

利津县陈庄镇中心小学为了克服传统评价方式的不足，提升小班化环境下的学生综合素养，进行了"小班化教育环境下的学生星级评价"探索，引领学生全面可持续发展。

一、星级评价助力学生核心素养培养

在星级评价实践中，学校注重评价内容的丰富性、有效性、可操作性，确保评价主体多元化，让学校的理念、制度、管理、行为、人物熠熠生辉，让每颗"星"照亮学生成长之路，引领学生体验童年的幸福感。

1. 丰富内容——多种类的星级评价

日常行为星。注重学生日常行为习惯的培养，具体涵盖学生讲普通话、尊敬师长、帮助同学、讲究卫生、爱护公物、帮助父母做家务等。采用自我评价和小组评价相结合的评价方式，每做好一条得 1 颗绿星。

实践体验星。注重学生主动参加学校和班级组织的社区服务、志愿者活动、外出参观考察、远足、义务劳动等综合实践体验活动。每做好一条得 2 颗绿星。

学习能力星。学习习惯方面，主要评价学生上课是否认真听讲、作业是否认真完成上交、书写是否工整规范、小组合作学习是否积极等。每做好一条得 2 颗绿星。学习进步方面主要包括作业整体质量是否进步大、学习是否积极主动、单元检测等级是否上升较快、书写水平是否提高快等。每月由任课教师课上组织实施评星，教师根据学生的实际表现予以评价，每做好一条得 5 颗绿星。

学习水平星。由学科素养测评和期末检测两项组成。根据等级领取相应的星数。

个性发展星。学校根据学生参加班级、年级、学校、镇、县、市以及省级各种比赛获奖，或在以上各级刊物发表文章、作品等情况，根据不同级别每项折合相应绿星。

作品收藏星。期末，学生将本学期自己最有价值的 1~3 份作品（作业本、实践作业、获奖作品、证书复印件或照片打印件等）上报学校师生博物馆，经评审小组评审留存，颁发收藏证书，每张收藏证书兑换 3 颗绿星。

另外，学校还根据学生个性发展和评价需要，设置了小组评价星、体质健康星等项目。

2. 量化标准——彰显星级评价的公平引领作用

平时统计折算：日常行为星+实践体验星+学习能力星+小组评价星。每月底由记星员统计得绿星总数，并将本班学生本月得绿星统计表上报统计组，

图7-2-3 班内评星现场

统计组按照每5颗绿星兑换1颗红星的标准，折算成红星。每5颗红星兑换一张美德币。

期末统计折算：学习水平星+个性发展星+作品收藏星。期末统计出绿星总数，并按照每5颗绿星折算1颗红星的标准，折算成红星。每5颗红星兑换一张美德币。

每学期末将每位学生各项得红星总数汇总公示，作为星级少年评选的主要依据。

3. 延伸评价——评价结果让学生终身受益

授星仪式。学校根据得星总数，评选出"星级少年周冠军""星级少年月冠军"及五个级别的星级少年（按得星总数计算，前5%为五星级少年、10%为四星级少年、15%为三星级少年、20%为二星级少年、30%为一星级少年），并举行隆重的授星仪式。学校把介绍五星级少年事迹的材料和照片制成荣誉牌挂在学校道路两侧进行宣传，其他等级的星级少年照片张贴在展示栏内。学校会分批次组织星级少年参加及各种游学、参观活动。

"少年才俊"评选。每年秋季，学校从四星级少年和五星级少年中评出15 名少年才俊。学校为其颁发由校长签名的证书，并与校长合影留念，择机参加研学旅行及三好学生评选。

"校长奖章"评选。每年秋季，从"少年才俊"获得者中评选出 5 名校长奖章获得者，学校为其颁发校长奖章牌匾，并给予一定数额的助学金。

图 7-2-4　学生在美德银行换取美德币

成果效益。为了让学生在各类评价中有获得感，学校设计发行了"豆豆超市"专用流通的美德币，学生可持美德币到豆豆超市购买所需的学习用品和图书。学生积累绿星换红星，积累红星换取美德币，再用美德币自主消费，形成了促进学生积极主动发展的良性循环评价系统。

二、星级评价结出累累硕果

1. 有利于学生个性化发展

多元化的星级评价方式受到了学生和家长的欢迎。大家普遍认为，多元化评价能够让学生更好地认识自己、激发潜能、增强信心，更能展现学生多方面的才能。每个学生都可以发挥自身优势，获得属于自己的"星"，同时也能让家长更好地了解孩子，实现学生个性化发展。

2. 健康生活理念走进学生心中

实行"体质健康星"评价后，学生逐渐认识到个人体质与饮食、运动、心理状态的关系。据学校统计，体质健康的孩子大多养成了健康的生活方式，具有良好的身体素质、心理品质。对于体质健康测评不合格的学生，学校会积极查找原因。比如，肥胖的学生群体中有69.5%的学生食欲好，进食多但运动少；身体偏瘦、身体抵抗力弱的学生群体中有76.9%的学生有挑食、偏食的习惯；眼睛近视的学生群体中有89.8%的学生有不良的读书、写字习惯，或玩手机、玩电脑、看电视的时间过长等不良习惯。学校教师和家长给予积极引导，学生养成了更加健康的生活方式。

3. 学生综合素养得到全面提升

星级评价有助于促进学生学习能力、实践能力的提高和良好习惯的养成。"日常行为星"的评选，让学生成为评价的主体，督促学生和自己比，和同伴比，让学生感觉到自己的成长与进步。"实践体验星"的评选，鼓励学生积极参与社会实践，引导学生处理好自我与社会的关系，养成现代公民必须遵守道德准则和行为规范的习惯。

三、基于核心素养培育的解析

1. 星级评价激励学生主动发展

星级评价旨在激励每个学生自主发展，让学生有效管理自己的学习，认识和发现自我价值，挖掘自身潜力，有效应对复杂多变的环境，成就精彩人生。在星级评价中，教师注重寻找学生学习和活动中的闪光点，及时运用恰当的方式进行激励，从而让学生形成积极的生活态度，提升自我主动发展的能力。

星级评价促使学生的发展由被动向自主过渡，由单一向全面过渡。例如，星级评价中"学习能力星"的评选，强调评价的激励功能，注重学生或小组学习的发展进程。在课堂上，教师利用恰当的方式，抓住时机，给不同层次的学生以充分的肯定；学生看到自己的进步和成绩，就会获得自信心和成功的体验，不断认识和发现自我价值，进而逐步形成适合个人的学习方式。教师和学生适时参与评价，有利于学生在学习过程中评估和调控自我发展的程度与方向。

2. 星级评价促进学生健康生活

星级评价着眼于学生终身发展，为学生成长服务。学校把星级评价渗透在学生日常学习生活的方方面面。

在星级评选激励机制的引导下，学生们养成了遵纪守法、讲文明礼貌、能健康生活的好习惯：不论是在校内还是校外，学生见到老师都能主动行礼问好；校园里追逐打闹的现象鲜有发生；有许多学生还自发清理校园卫生死角，争做"环保小卫士"。五（3）班的小浩（化名）同学，原来个人卫生差，自实行星级评价以来，他因一直得不到"日常行为星"而苦恼，在老师和同学的帮助下，经过两学期的努力，他逐渐养成了勤刷牙、勤洗澡、勤换衣服的好习惯，也如愿得到了心仪的"日常行为星"。

小班化环境下的星级评价，承认并尊重学生发展水平的差异，强调从多个角度评价学生。因为小班中班级人数少，评价时，教师能根据不同学生的个性特点，恰当运用不同的评价方式，以帮助学生在原有水平上有大的提升。对于由于家庭、身体等各种原因造成的需要特殊关爱的学生，教师会付出更多的爱心，运用更多的激励性、赏识性的评价方式，鼓励他们增强信心，学会健康生活，主动发展。

利津县陈庄镇中心小学立足培养学生核心素养，不断完善星级评价方式，用评价点亮了孩子们的梦想。

〔案例三〕 学分制评价，让每个学生都发现更好的自己

为了更好地推进小班化教育的实施，就需要变革传统的评价方式，建立适用于小班化教育环境下的评价方式。垦利区第一实验小学对此进行了积极的探索、尝试，构建了学分制评价体系，有利于学生核心素养的培育。

一、学分制评价，开启一段智慧的成长旅程

学分制是一种学业管理制度。学分是计算学生学习量的单位，给每一门课程都赋予一定的分值，学生参与或选修某门课程，并考核合格，就能获得一定的学分记录。实行小班化教育条件下的学分制评价，就是通过学分记录每个学生在课程领域的成长经历，以及学生所达到的发展程度。

近年来，垦利区第一实验小学秉承"以智慧育人，育智慧之人"的办学理念，紧密围绕学生发展核心素养的培育，逐步构建了以养成教育、儿童阶梯阅读、情智选修课程、校园活动、游园乐考等为内容的小班化教育校本课程体系，并对应设立了习惯学分、阅读学分、选修学分、活动学分和乐考学分等。各类学分的具体介绍如下：习惯学分着眼于学生良好行为习惯的养成，包括走路学分、礼仪学分、作业学分等。阅读学分旨在落实

"改变从阅读开始"的校训，每阅读完一本书即可申请认定1学分。选修学分涉及人文、科技、艺术、体育、棋类、生活等领域，包括读写绘、棋类、陶艺、乒乓球、刻纸画、烹饪、象棋等36种选修课程。选修课程按照考勤、参与态度、学习表现和成果水平进行学分认定。活动学分包括校园节日活动学分、社团活动学分和社会实践学分。乐考学分是学校针对低年级学生理解认知能力有限，普通考试试卷过于枯燥等问题设计的，将学生喜欢的游戏融入"乐考"中，采用"游园闯关"的方式进行。学生可通过自选和抽签的方式选择考试内容。学生每完成一个项目，老师或家长就在游园护照上盖一个"你真棒"大拇指印章，最后根据印章多少领取"智慧之星"证书，并申请乐考学分。

图 7-2-5　学生们兴高采烈地申请学分

对以上每项课程、项目或活动都有简单、易操作的学分认定标准，学校重视学生的参与和成长进步，不设高门槛，不设数量限制，只要达到标准都可以获得学分。如针对选修课程，期末考查设置合格、优秀两档，分别为3

学分、5 学分，参与态度认真积极，按时上课，无迟到早退现象，学习效果好（作品精美或有创意）或者在期末展评中表现优秀，可获得 5 学分，由社长或指导教师签章认定。

在实施学分制评价的过程中，学校成立了学分认定委员会，研发了《智慧的旅程——小班化教育条件下的学生综合素质发展学分制评价手册》，实行集中认定和分散认定，每名学生可根据个人兴趣及爱好选择参加各类校本课程和活动，并可依据所获学分情况，申报"秀外慧中好少年""卓越学生"和"特长学生"。

二、学分制评价，让学生变被动为主动

1. 学分制评价，交给学生自我评价的尺子，激发学生主动参与的热情

在实施学分制评价的过程中，学校把参与活动的自主权还给学生，引导和鼓励学生自主决定参与的项目、参与的团队，让不同层次的学生在相同的活动中都能体验到成功感。把学分评价权力下放，重视学生自我评价和同伴互评，引导学生在每项活动或每门课程结束后，对照标准申请学分，评价的尺子交到了学生手中，学生从中享受自主的乐趣。五（4）班薛熠琛同学动情地说："学分，它像一盏灯，为我们指明了方向；它更像一架梯子，让我们攀到高处，欣赏到美丽的风景。"

2. 学分制评价，引导教师从"被动"执行课程走向"主动"研发课程

小班化教育条件下，实施学分制评价的基础是学校要给学生提供丰富多样的选修课程，尽可能让每个学生都能找到自己喜欢的课程。一开始，老师在申报选修课程时是站在自己的学科和特长的角度，忽视了学生的兴趣和需要。于是，有的选修课程人满为患，有的选修课程门庭冷落。现实面前，老师不得不反思，为什么自己精心设计的选修课程学生不喜欢？于是，老师们开始征求学生的意见，开展课程意向调查，站在学生的角度、顺着学生的眼光研发课程。伴随着学分制评价的实施，老师们从原来执着于学科课程到自

主开发校本课程，真正实现了从"被动"到"主动"的华丽转身。

2015年10月15日，东营市小学教育教学改革现场会在垦利区第一实验小学召开，来自全市的小学校长共同学习了垦利区第一实验小学小班化教育条件下的"学分制评价"改革经验和做法。"学分制评价"获得了"山东省优秀教学成果奖"和"东营市优秀教育教学法一等奖"两项荣誉，《山东教育报》对学校学分制评价改革成果进行了长篇报道。

图 7-2-6   孙宝华校长亲自为学生认定学分

三、基于核心素养培育的解析

1. 学分制评价促进了学生自主发展

自主性是人作为主体的根本属性。自主发展，重在强调学生能有效管理自己的学习和生活，认识和发现自我价值，发掘自身潜力，成就出彩人生。自我管理，是学生能正确认识与评估自我，依据自身个性和潜质选择适合的发展方向，合理分配和使用时间与精力，具有达成目标的持续行动力等。在小班化教育实施过程中，学校通过学分制评价，激发和调动学生参与各类课程和活动的自主性，促进学生实现自主发展和自主成长。

一直以来，在大班额教学条件下，大家习惯了以班级为单位开展各种比赛或活动，要么全体学生参加，要么精选部分学生参加，前者要求所有学生朝向同一个标准，后者让多数学生变成"观众"，因此学生的自主性没有得到充分发挥。学校在实施学分制评价的过程中，逐步减少了以班级为单位、以教师为主导的课程、活动和比赛，把参加课程、活动的自主权交给学生。张娜主任在小班化教育学分制评价交流会上这样讲述道："我清楚地记得瑄瑄拿着自己做好的馒头、玫瑰花卷、饺子走到我面前说：'张老师，我要申请5学分'，我笑着说：'说说你的理由吧！''第一，先说这个馒头，虽然看似很简单，但是揉馒头一定得先把面团揉光滑，然后再把有褶皱的地方放在馒头的最底端，最后用手把形状修好，这样才既好看又好吃（自我认知）；第二，这个玫瑰花卷，像绽开的玫瑰花一样，又漂亮又美味，使吃饭变得很有味道，说得高大上一点就叫作'提升生活品质'，我还把我做的花卷拿回家与弟弟一起分享，他吃得可香了；第三，我学会了自己擀皮包饺子，以后家里吃饺子，我也可以替爸爸妈妈减轻负担了。'听完孩子的一席话，我毫不犹豫地拿出印章，在她申请5学分的位置认认真真地印上了我的名字。因为在这个过程里，我真切地看到了孩子对自我的正确认识与评估，感受到了来自孩子的成长与变化，这难道不是孩子自主成长、自我管理的一种真实写照吗？"通过学分制评价的实施，我们实实在在看到了每一个孩子智慧的呈现与光芒的散发。

2. 学分制评价助推学生人文底蕴的形成

一个人的人文底蕴代表了其内在素质和文化涵养，是其情感、意志、审美、个性气质、价值取向、行为习惯等品质的重要表征。书籍是培养学生人文底蕴的源头活水。结合"改变从阅读开始"的校训，在实施学分制评价的过程中，学校重点设立了阅读学分，旨在通过阶梯阅读引领学生浸润书香，养成良好的读书习惯，丰富学生的人文积淀，培养学生的人文情怀，增强学生的审美情趣。

学校通过向学生推荐适合他们阅读的课外书目，让学生在阅读中感受爱、责任、友情……学生在阅读中被唤醒，他们进入一个个奇妙的世界，变得更加善良、自信与美好。为了激发学生的阅读兴趣，依据学生的年龄特点，学校开发设计了阅读卡。教师根据学生的阅读书目颁发相应数量的阅读卡。为了督促学生养成每天坚持读书的良好习惯，学校为每个学生印制了阅读记录本。

小班化教育条件下的阅读学分的评价，既考察了学生的阅读量、阅读面，又激发了学生的阅读兴趣，培养了学生良好的阅读习惯，开阔了学生的视野，同时还提高了学生的鉴赏能力，培养了学生的人文底蕴。

小班化教育条件下学分制评价让每个学生遇见了更好的自己。相信学分制评价以它评价主体多元、评价内容全面、考虑个体进步、课内课外兼顾、展示个性特长、操作简便易行等特点，会不断激励着垦利区第一实验小学的每一个学生主动走向丰富的课程和活动，引领学生从"接受教育"走向"自我教育"。

〔案例四〕 **孩子的童年因多彩评价更快乐**

广饶县广饶街道颜徐学校针对学校实际情况，大胆创新、勇于实践，以"人人参与、个个展示、自主学习、合作创新"为特色创立了"小组合作学习多彩评价"的教学评价模式。

一、小组合作评价的多彩性

多彩评价主要体现在评价工具的多彩性和评价过程的多彩性上，以评价促发展。

1. 评价工具的多彩性

①优胜小组奖杯

每个班级都特别设置了一座优胜小组奖杯，每周的优胜小组获得者将获得此奖杯。奖杯是孩子们的最爱，也成为小组合作奋斗的物化成果。

②红星、粘贴画、阳光币、心愿卡

孩子在小组内的表现会得到及时反馈，对于表现好的孩子，老师或小组成员会以发放红星、粘贴画、阳光币或心愿卡的方式来进行鼓励。

③学生未来通行证

为了进一步巩固家校共育的效果，培养学生良好的行为习惯，学校设计了"学生未来通行证"，每周颁发给行为习惯好的学生。每周一班会课时间会对小组成员进行养成教育落实情况的评价，评价主体包括家长、同学和班主任等。

④班级模拟工资表

对于学生的一周表现，最终体现在小组模拟工资表上，每周一进行总结。

图 7-2-7　小组长正在汇总小组工资

⑤优胜小组海报

优胜小组海报是孩子最爱的评价工具，每个月学校都会汇总每个级部的月优胜小组，让获胜小组的孩子们手拿组牌和优胜小组奖杯合影留念，并将合影做成宣传海报张贴于级部宣传栏。

2. 评价过程的多彩性

不管是用在课堂上增强小组凝聚力还是用在班级管理中，多彩评价体系的最终目的不是甄别优劣，而是引领、发展与激发。根据学生的发展水平，各个学段分别制定详细评价标准，实施小组合作学习多彩评价。

低年级主要采用红星、粘贴画、阳光币、心愿卡累积兑换的评价模式。在班级里设置评价表，评价的内容包括学生的学习习惯、课堂纪律、作业书写、个人卫生、课堂表现等多个方面。学生在哪一方面做得好就得 1 颗红星，积够 10 颗红星就可以兑换 1 张粘贴画，积够 10 张粘贴画兑换 1 枚阳光币，积够阳光币达到一定额度，可以兑换学校为每个班准备的奖品，获得奖品的学生填写 1 张心愿卡。老师负责和家长沟通，帮助学生达成自己的心愿。

课堂学习中，小组成员的课堂表现会以"爬格子"的形式得以呈现。每一节课结束，哪个小组格子爬得最高，老师课堂总结时就会给这个小组的所有成员加 1 颗星。这样的小组合作学习评价模式，极大地激发了学生的集体荣誉感。

中、高年级采取"即时性评价—阶段性评价—终结性评价"三步走的评价方式。即时性评价内容包括：常规检查记录表（晨诵、午写、纪律、卫生），各学科检查记录表（每天作业完成情况、课堂表现、单元检测），以小组为单位每周汇总一次，评价主体都是学生，对于表现好的行为及时发放粘贴画、阳光币、心愿卡进行肯定。阶段性评价：每周一班会课对上一周评价内容进行汇总，小组内优秀个人加 1 分，优胜小组每人加 2 分。当学生积满 10 分可兑换 1 张粘贴画，积满 5 张粘贴画可以兑换 1 枚阳光币，满 20 枚阳光币就可以领一张心愿卡。学期结束时，在家长的配合下，帮助孩子达成心愿。终结性评价内容包括：所有评价最终以"模拟工资"的形式呈现，根据小组内各位同学得分情况得到相应的工资数额，既有个人的工资数，又有小组合作的奖励性工资。每月结束哪个小组的工资总额最高，就被评为月优胜小组。这样，积日成周，积周成月，积月成年，学生发展轨迹和效果就显而易见了。

二、多彩评价成就教学特色

多彩评价的评价主体由老师变为学生，学生由被动接受变为主动参与，体现了"人人参与、个个展示、自主学习、合作创新"的小班化教育特色。

在小班化教育中实施小组合作评价要求每个小组成员都担任相应的评价员，整个过程人人参与，既评价他人，又被他人评价。孩子们对成功充满了向往，每一点进步都有了被肯定的机会，每每得到一个肯定，就更激发了他们对更高目标努力的热情。

学校的多彩评价不光是加分鼓励，也要有减分鞭策。加分奖励是让孩子们体验进步和成功的快乐；而减分鞭策是让孩子们知道成长总会有挫折，失败是教训，更是反思之后再进步的动力。学生既要能享受成功的幸福，更要能承受失败并能从失败中重新奋起，这样的素质才是当今学生最需要的。学生的小组合作学习多彩评价，使学生获得了自主管理的能力，体验到了参与小组合作的快乐。

图7-2-8　学生们自己评选出的小组合作学习月冠军

三、基于核心素养培育的解析

培养学生核心素养，学校要有适合本校发展的课程及适合学生核心素养发展的评价方式。学校的多彩评价促进了学生的自主发展，主要表现如下。

1. 多彩评价促进了学生自主管理能力的提高

自主性是人作为主体的根本属性。自主发展重在学生，强调学生能有效管理自己的学习和生活，认识和发现自我价值，发掘自身潜力。颜徐学校小组合作多彩评价中的模拟工资评价制度，通过量化班里学生的学习行为以及他们在学校里的日常行为，督促学生自我管理能力的提高，有利于他们养成良好的行为习惯和学习习惯，并引导他们正确地认识与评估自我。

在模拟工资评价中，人人都是评价者和被评价者。在这样多彩的自主评价体系的引领下，学生的主体意识增强，自主管理能力得到提升。

2. 多彩评价有利于学生养成勤于反思的品质，并能培养学生的集体荣誉感

颜徐学校小班化教育改革中的多彩评价，强化了每周的即时性评价，引导学生及时总结经验，吸取教训，为下一周的奋斗目标做好合理的规划，这有利于学生形成积极的学习态度和勤于反思的品质，更加乐学善学。同时，学生在合作学习和多彩评价的过程中，逐步认识到互相理解、合作的价值，增强了团结协作意识和集体荣誉感。

3. 多彩评价使学生更加自信自爱，有利于形成健全人格

每周的评价结果在周一班会课结算。结算成绩采取横向对比和纵向对比两种方式，即每个小组的工资数既要和别的小组进行比较，同时也会和自己的上周表现做对照。只要工资单的数额大于上周，本人会获得额外奖励。评价中的减分制度让学生知道成长总会有挫折。多彩评价的实施，使学生慢慢养成了自我约束能力，能够在奖励和惩罚的评价中调节和控制自己的情绪，有利于形成健全人格。

2016 年 9 月，《中国学生发展核心素养》总体框架发布，为东营市小班化教育工作的全面、深入推进和课题成果的整理、提升打开了广阔的视野和空间。

"学生发展核心素养"是站在国际视野、着眼于国家未来发展和人的终身发展的高度提出的，是学生在接受相应学段的教育过程中逐步形成的适应个人终身发展和社会发展需要的必备品格和关键能力。培养学生核心素养是在新的历史时期落实立德树人战略目标的重要途径。

核心素养的提出，让教育综合改革充溢着新的生命活力，让以人为本、以学生发展为核心的理念进一步彰显。东营市自实施小班化教育以来，通过积极践行以生为本的教育理念，重建管理文化，创建良好的环境，优化教育方式、教学方式和评价机制等全方位的教育改革和教学创新，为每一个学生的发展创造条件，为每一个学生提供更加适合的优质教育。我们在研究中发现，虽然东营市小班化教育实施早于《中国学生发展核心素养》总体框架的发布，但是践行的理念和行为暗合了"学生发展核心素养"的方方面面，特别是在教育目标的设定上，与"学生发展核心素养"有共同的指向。

我们在整理以往成果的基础上，接受了教育科学出版社教师教育编辑部主任刘灿老师的建议和具体指导，对课题的深化研究方向、成果的提升与推广等方面进行了适当调整，开始聚焦于小班化教育环境下如何更有效地培育学生核心素养等问题。小班化教育有效促进学生发展核心素养培育的理论假设有三：一是小班化教育为培养学生核心素养提供最优化的教育环境、课程资源和师资条件；二是小班化教育为培养学生核心素养提供最大化的教育机会；三是小班化教育为学生核心素养提供适宜的、个性化的教育评价。

小班化教育是人才培养模式的一种有效改革，能最大限度地利用教育资源的价值和教师的教育教学智慧，最大限度地挖掘学生的学习潜能，因而能够有效地培育、形成和发展学生核心素养。同时，小班化教育作为一种灌注灵魂的理想教育组织形态，有利于促进学生知识有效建构、思维科学发展和精神健康成长，有利于促进师生间、生生间思想与情感的零距离交流，实现了教育各要素多维度的互动交流，形成了教育主客体之间的深度融合，一定程度上释放了学生的天性，发展了学生的思维，激发了学生的兴趣，挖掘了学生的潜能，增强了学生的自信，因而成就了理想的教育，使学生的核心素养得到长足发展、显著提高。与传统大班教学相比，小班化教育对于培育学生核心素养有着十分鲜明的优势。正如佐藤学教授在其著作《静悄悄的革命——课堂改变，学校就会改变》中所言："这场教育革命要求根本性的结构性的变化。仅此而言，它就绝非是一场一蹴而就的革命。因为教育实践是一种文化，而文化变革越是缓慢，才越能得到确实的成果。"

本书承载着东营市一百余所试点学校近五年小班化教育行动研究的核心成果，承载着东营市教育教学创新探索者对于培育学生核心素养的思考和希冀，力求凸显"东营""小班化教育"和"学生发展核心素养"三个元素。全书有对小班化教育及其与学生核心素养培育之间的关系的理论思考，也有对小班化教育文化重构、教师队伍发展、课程建设、课堂教学和学生评价等方面成功经验和做法的介绍，但在很多方面还不够成熟，有待于进一步完善。

成书过程中，中国教育科学研究院、教育科学出版社、山东省教育科学研究院的有关领导，成尚荣、董蓓菲、徐继存等教育专家，先行开展小班化教育的上海市、大连市、南京市、杭州市等地同行，都对东营市的小班化教育推进及所申报的教育部重点课题"市域整体推进小班化教育行动研究"给予了大力支持和悉心指导。在此，谨向所有给予本书帮助和支持的单位、专家、同人表示衷心感谢。由于水平所限，本书不当之处，敬请批评指正。

2017 年 5 月

出版人 李 东
责任编辑 刘 灿 颜 晴
版式设计 沈晓萌
责任校对 贾静芳
责任印制 叶小峰

图书在版编目（CIP）数据

为了公平和质量：小班化教育环境下的学生发展核
心素养培育／梁海伟等编著.—北京：教育科学出版社，
2018.5
ISBN 978-7-5191-1232-5

Ⅰ.①为… Ⅱ.①梁… Ⅲ.①课堂教学—教学研究—
中小学 Ⅳ.①G632.421

中国版本图书馆 CIP 数据核字（2018）第 071150 号

为了公平和质量——小班化教育环境下的学生发展核心素养培育
WEILE GONGPING HE ZHILIANG——XIAOBANHUA JIAOYU HUANJING XIA DE XUESHENG
FAZHAN HEXIN SUYANG PEIYU

出版发行	教育科学出版社			
社　　址	北京·朝阳区安慧北里安园甲 9 号	**市场部电话**	010-64989009	
邮　　编	100101	**编辑部电话**	010-64981265	
传　　真	010-64891796	**网　　址**	http://www.esph.com.cn	
经　　销	各地新华书店			
制　　作	北京金奥都图文制作中心			
印　　刷	保定市中画美凯印刷有限公司			
开　　本	169 毫米×239 毫米 16 开	**版　　次**	2018 年 5 月第 1 版	
印　　张	12.25	**印　　次**	2018 年 5 月第 1 次印刷	
字　　数	157 千	**定　　价**	36.00 元